A Guidebook of Coffee 2 of 5

커피 연가 2

[커피 추출]

김명섭 저

YOUNG MIN PUBLISH
도서출판 영민

커피 연가 2
[커피 추출]

2021년 12월 23일 초판 1쇄 인쇄
2021년 12월 31일 초판 1쇄 발행

저　자 : 김명섭
발행인 : 유수경
발행처 : 도서출판 영민

등　록 : 2001. 7. 16　제1-2888호
주　소 : 서울시 성북구 보문로 58-1 한주빌딩 205호
전　화 : 02-904-7204
팩　스 : 02-921-7202

ISBN 978-89-6341-130-9　13590

값 14,000원

계절에 따른 커피는 ~~

봄에 마시는 커피는
마음을 설레게 한다.
봄에 어울리는 커피는
상큼한 신맛 품은 드립 커피다.

여름에 마시는 커피는
몸을 시원하게 한다.
여름에 어울리는 커피는
찬물 한 방울의 미학 콜드워터브루 커피다.

가을에 마시는 커피는
마음을 센티하게 한다.
가을에 어울리는 커피는
부드러운 우유 머금은 라떼 커피다.

겨울에 마시는 커피는
몸을 따뜻하게 한다.
겨울에 어울리는 커피는
소프트한 알코올 담은 칵테일 커피다.

2021. 12
김명섭

목차

Ⅰ 에스프레소는 더 이상 쓰지 않다 7

1. 에스프레소 추출 9
2. 에스프레소 머신 35

Ⅱ 그라인더는 다양하다 53

1. 충격식 그라인더 55
2. 간격식 그라인더 56

Ⅲ 나만의 추출 기구를 갖자 67

1. 커피추출 69
2. 커피추출 방법 72
3. 커피추출 기구 74

Ⅳ 드립 추출 커피를 즐기자 91

1. 드립 94
2. 뜸 104
3. 추출 109
4. 커피필터 114
5. 드리퍼 118

Ⅴ 커피시장 재4의 트렌드는 시작되었다 129

1. 제1의 트렌드 132
2. 제2의 트렌드 133
3. 제3의 트렌드 133
4. 제4의 트렌드 134

Ⅵ 나만의 맞춤형 커피를 마시자 137

1. 차 140
2. 와인 141
3. 커피 142
4. 나의 인생커피 145

Ⅶ 커피는 문화다 147

1. 커피 149
2. 문화 150
3. 커피와 문화 궁합 150

I

에스프레소는 더 이상 쓰지 않다

1. 에스프레소 추출

에스프레소(Espresso)하면 우선 검고 쓰다는 느낌부터 다가올 것이다. 그러나 조금만 생각을 바꾸면 신맛, 단맛과 커피 고유의 향을 느낄 수 있는 매력 가득한 커피라는 것을 알 수 있다.

에스프레소를 입안에 머금은 다음 느껴지는 촉감(Mouthfeel)은 에스프레소가 무엇인지, 왜 마시는지를 실감나게 느끼게 해줄 것이다. 본연의 맛을 음미하기 위해 한 모금 마신 후 입안에서 맛을 느껴보는 것도 좋다. 쓴맛 뒤에 오는 입안 가득한 향과 단맛은 부드러운 바디를 느끼게 해줄 것이다.

데미타스 잔

에스프레소는 빠르다는 의미를 가진 영어 'express'와 같은 어원의 이탈리아어(Italian)로 빠르게 추출한 진한 커피를 말한다. 에스프레소용 데미타스(Demitasse) 잔은 half(반)의 의미를 가진 demi와 cup(잔)의 의미를 가진 tasse가 만나 만들어낸 합성어로서 보통 잔의 반 정도 되는 작은 잔이다.

샷글라스 잔

에스프레소 커피

에스프레소는 높은 온도와 강한 압력으로 추출되기 때문에 당분과 같은 수용성 물질뿐만 아니라 지방과 같은 불용성 물질까지도 추출이 된다. 따라서 신맛, 단맛, 쓴맛 등이 어우러진 복합 미묘한 맛을 느낄 수 있다.

에스프레소

▸ 에스프레소 마시기

에스프레소는 그 자체로 즐겨도 좋지만 설탕 한 두 스푼을 넣고 저어서 마셔도 좋고, 젓지 않고 설탕이 녹는 단계를 즐기면서 마셔도 좋다. 설탕을 넣어 당분을 섭취하는 것은 피로감을 덜어주는데도 일정부분 도움이 될 것이다.

에스프레소는 모든 커피메뉴의 베이스(Base)로 사용된다.

▸ 에스프레소가 물과 친해지면 아메리카노(Americano)가 된다.

아메리카노

▸ 에스프레소가 우유 거품과 만나면 부드러운 카푸치노(Cappuccino)가 탄생한다.

카푸치노

▸ 에스프레소가 우유와 친구가 되면 카페라떼(Cafe latte)가 된다.

카페라떼

바리스타(Barista)

바리스타는 이탈리아어로 'Bar 안에 있는 사람'을 의미한다. 일반적으로 커피를 전문으로 하는 사람을 일컫는 말로 사용되고 있다. 따라서 바리스타는 커피추출 뿐만 아니라 전반적인 커피지식을 갖추고 고객의 니즈(Needs)를 파악하고 응대하는 역할까지도 포함하고 있다고 할 수 있다.

1) 에스프레소 추출 기준

많은 경우의 수가 있을 수 있지만 (사)한국커피협회에서 기준으로 제시하는 에스프레소 추출 내용이다. 커피 양은 한 잔 기준으로 6~8g을 포터필터(Portafilter)에 담고 90~95도의 고온과 8~10바(bar)의 고압으로 20~30초 사이에 25~35ml 양의 에스프레소를 추출한다.

추출 에스프레소

단순화하면 7g 정도의 커피에 92도 정도의 온도로 9바의 압력을 가해 25초에 30ml를 추출하면 좋을 것이다. 이렇게 추출된 에스프레소 커피의 산미(Acidity)를 나타내는 산도(PH) 농도는 5.2 정도로 약산성이다.

다음은 (사)한국커피협회가 제시하는 에스프레소 추출기준이다.

커피 양

구분	내용
커피의 양	7±1.0g

추출압력

구분	내용
추출압력	9±1bar

추출시간

구분	내용
추출시간	25±5초

물 온도

구분	내용
물의 온도	90±5℃

추출량

구분	내용
추출량	30±5ml

산도(PH)

구분	내용
산도	5.2

2) 크레마(Crema)

Crema는 영어 'Cream'을 의미하는 이탈리아어로 오일(Oil)과 콜로이드(Colloid) 등이 섞인 지방성분과 이산화탄소가 있는 에스프레소 커피 액 위에 뜬 갈색의 크림 층을 말한다. 크레마는 아주 작은 기포로 구성되어 있다.

에스프레소 크레마

크레마는 에스프레소를 마실 때 느끼는 고유의 맛(Taste)과 향(Aroma)을 형성하고 있다. 또한 온도를 유지하고 향을 보존하는 효과가 있으며 탄산가스가 빠져나가 산소가 침투하는 것을 막아주어 산화가 억제되는 효과도 있다.

맥주를 따를 때 위에 형성되는 맥주거품과 비교하면 좋을 것이다. 맥주거품은 탄산가스가 방출되는 것을 막아 주어 맥주가 산화되는 것을 억제하는 효과가 있다. 크레마와 맥주거품의 중요한 공통점 중의 하나가 바로 지속력이 아닌가 싶다.

유제(Emulsion)

두 가지 액체를 섞으면 작은 액체가 큰 액체 속에 들어가 있는 상태가 된다. 이러한 과정을 유제 또는 에멀션이라 하는데, 에스프레소를 추출할 때 커피액과 크레마가 하나가 되어 추출되는 현상을 표현하는 말이다.

이러한 유제 상태는 대체로 불안정하여 시간이 흐르면 두 가지 액상으로 나누어지게 된다. 에스프레소 추출 후 시간이 지남에 따라 커피액과 크레마가 분리되는 현상을 보면 알 수 있다.

에스프레소 추출 과정

이는 마치 서로 섞이지 않는 물과 기름이 흔들어 섞으면 두 액체가 하나가 되었다가 다시 분산되는 현상과 같다.

3) 에스프레소 응용

에스프레소는 시간과 양을 달리하여 다양한 맛을 즐길 수 있다. 시간이 짧게 추출된 커피는 신맛이 강하고, 시간이 길게 걸릴수록 쓴맛이 나타난다.

커피는 추출 초기에는 좋은 성분들이 추출되고, 시간이 지나면서 바람직하지 않은 성분들이 추출된다. 커피의 좋은 성분은 단맛, 신맛 등을 대표로 들 수 있고, 바람직하지 않은 성분으로는 쓴맛, 떫은 맛 등을 들 수 있다.

에스프레소(Espresso)를 응용하면 리스트레또(Ristretto), 룽고(Lungo), 도피오(Doppio) 등이 만들어진다.

구분	종류	내용
1	리스트레또(Ristretto)	약 20ml
2	에스프레소(Esspresso)	약 30ml
3	룽고(Lungo)	약 40ml
4	도피오(Doppio)	약 60ml

리스트레또(Ristretto) 커피

Ristretto는 이탈리아어로 '양 등을 제한하다'를 나타내는 영어 'restrict'의 의미이다. 따라서 추출시간을 에스프레소 보다 짧게 하고, 양을 적게 하여 추출하는 방식이다. 좋은 성분이 추출되는 커피라고 이해하면 좋을 것이다.

양은 20ml 정도를 추출하면 된다. 이렇게 추출된 리스트레또는 에스프레소와 비교해 상큼한 신맛과 부드러운 단맛을 느끼게 해준다.

리스트레또

룽고(Lungo) 커피

Lungo는 이탈리아어로 '길다'를 나타내는 영어 'long'의 의미이다. 따라서 추출시간을 에스프레소 보다 길게 하고, 양을 많게 하여 추출하는 방식이다. 따라서 다양한 성분이 추출되는 커피라고 이해하면 좋을 것이다.

룽고

양은 약 40ml 정도를 추출하면 된다. 이렇게 추출된 룽고는 에스프레소와 비교해 신맛과 단맛 보다는 쓴맛을 더 느끼게 해 준다.

도피오(Doppio) 커피

Doppio는 이탈리아어로 '둘'을 나타내는 영어 'double'의 의미이다. 따라서 에스프레소 두 잔의 양을 추출하여 제공하는 방식이다. 에스프레소의 맛을 그대로 즐길 수 있는 커피이다. 많은 양을 선호하는 경우 도피오가 도움이 될 것이다.

에스프레소를 맛있게 즐기는 방법으로 한잔을 만들 경우 리스트레또 두 잔의 양을 합하여 에스프레소 한잔으로 만들어 마시면 좋을 것이다. 마찬가지로 아메리카노의 경우도 부드럽게 만들고자 한다면 리스트레또로 추출하여 아메리카노를 만들어 마시면 도움이 될 것이다.

도피오

4) 에스프레소 베리에이션(Variation)

구분	종류	비고
1	에스프레소 코렛또(Espresso Corretto)	술
2	에스프레소 로마노(Espresso Romano)	레몬
3	에스프레소 아로마(Espresso Aroma)	향
4	에스프레소 프레도 (Espresso Freddo)	아이스
5	에스프레소 마끼아또(Espresso Macciato)	우유
6	에스프레소 콘파나(Espresso con Panna)	생크림

에스프레소 코렛또(Espresso Corretto)

Corretto는 이탈리아어로 '추가한, 첨가한'이라는 의미이다. 에스프레소에 주류(liquor)나 알코올음료를 넣어 커피 맛을 다양하게 연출한 커피칵테일이라 할 수 있다.

코렛토

만드는 방법은 에스프레소와 위스키, 브랜디 등을 취향에 따라 혼합하여 만들면 된다. 이탈리아에서는 브랜디(Brandy)

나 그라파(Grappa) 등을 이용하여 즐긴다.

에스프레소 로마노(Espresso Romano)

Romano는 이탈리아어로 '로마의'라는 의미이다. 에스프레소에 레몬(Lemon)을 첨가하여 커피 맛을 다양하게 연출 할 수 있다. 이 이름의 유래는 물 사정이 좋지 않았던 당시 로마의 시대상을 반영한 것으로 커피 맛에 변화를 주고자 했던 것 같다.

로마노

만드는 방법은 에스프레소와 레몬의 즙이나 향을 넣어 만들고 잔 가장자리에 레몬슬라이스를 얹어 완성한다. 상황이나 취향에 따라 레몬 대신 신맛이 나는 라임(Lime)이나 오렌지(Orange) 등을 사용해도 좋다.

에스프레소 아로마(Espresso Aroma)

Aroma는 기분 좋게 해주는 향을 나타내는 말이다. 에스프레소에 향 시럽을 넣어 커피 맛을 다양하게 연출 할 수 있다.

아로마

만드는 방법은 취향에 따라 에스프레소에 헤이즐넛(Hazelnut) 시럽이나 메이플(Maple) 시럽을 넣어 만들 수 있다. 뿐만 아니라 슈가(Sugar) 시럽, 바닐라(Vanilla) 시럽, 캐러멜(Caramel) 시럽 등도 활용할 수 있다.

에스프레소 프레도 (Espresso Freddo)

Freddo는 이탈리아어로 '차가운'를 나타내는 영어 'iced'의 의미이다. 에스프레소에 얼음을 넣어 탄생시킨 음료로 아이스 에스프레소라 할 수 있다.

프레도

여기에서 응용된 음료로 샤케라또(Shakerato)가 있다. 이 음료는 에스프레소와 얼음을 셰이커(Shaker)에 넣고 혼합(Shake)하면 아주 고운 거품(Foam)이 형성된다. 그 결과 부드러운 아이스 에스프레소가 만들어 진다.

에스프레소 마끼아또(Espresso Macciato)

Macciato는 이탈이아어로 '표시된'을 나타내는 영어 'marked'의 의미이다. 에스프레소와 우유거품이 만나 탄생한 음료이다. 에스프레소에 우유를 스티밍하여 만든 고운 거품을 얹은 부드러운 에스프레소라 할 수 있다.

마끼아또

에스프레소 콘파나(Espresso con Panna)

con Panna에서 con은 이탈리아어로 '~와 함께'를 나타내는 영어 'with'을 의미하고, Panna는 '크림'을 나타내는 영어 'cream'의 의미이다. 에스프레소와 생크림(Whipped cream)이 만나 탄생했다. 이 음료는 생크림이 들어가 에스프레소 마끼아또 보다 더 달콤한 에스프레소라 할 수 있다.

콘파나

5) 에스프레소의 물리적 특성

(사)한국커피협회에 의하면 물과 비교할 때 에스프레소가 갖는 물리적인 특성이 있다. 물과 에스프레소를 비교하면 굴절률(Refractive index)이나 전기 전도도(Electric conductivity), 밀도(Density), 점도(Viscosity) 등은 증가하는 특성이 있다. 이에 비해 표면장력(Surface tension)이나 산도를 나타내는 PH (Potential of hydrogen) 값은 감소하는 특성이 있다.

▎밀도(Density)

구분	밀도	비고
증감	증	solid

▎점도(Viscosity)

구분	점도	비고
증감	증	oil

굴절률(Refractive index)

구분	굴절률	비고
증감	증	solid

전기 전도도(Electric conductivity)

구분	전기 전도도	비고
증감	증	ion

표면장력(Surface tension)

구분	표면장력	비고
증감	감	surfactant

산도(PH, Potential of hydrogen)

구분	산도	비고
증감	감	organic acid

6) 에스프레소의 추출수율(Extraction yield)

바람직한 추출수율은 20% ± 2%, 즉 18~22%로 알려져 있다. 물에 녹지 않는 불용성분이 60~70%이고, 비추출성분도 10~12% 정도라고 한다. 따라서 18%이하면 과소추출이라 하고, 22%이상이면 과다추출이라 한다.

추출농도는 일반적으로 1.25%±0.10%, 즉 1.15%~1.35%로 알려져 있다. 참고로 추출비율(Brew ratio)은 추출된 커피 양과 그라인딩된 커피 양의 비율을 말한다.

추출수율(Extraction yield)

구분	종류	내용
1	추출수율	18~22%

그라인딩된 커피에서 커피성분이 물에 녹아내린 비율을 말한다.

추출농도(Extraction concentration)

구분	종류	내용
2	추출농도	1.15~1.35

커피에 물을 부었을 때 커피 잔에 담긴 고형성분과 물의 비율을 말한다.

불용성분

구분	종류	내용
3	불용성분	60~70%
	비추출성분	10~12%

과소추출(Under-extraction)

구분	종류	내용
4	과소추출	양은 많고 성분은 적음

과다추출(Over-extraction)

구분	종류	내용
5	과다추출	양은 적고 성분은 많음

과소추출(Under-extraction)

성분이 너무 적게 추출되어 맛이 약한 커피를 말한다. 일반적으로 양으로 판단할 수 있는데, 이 경우는 성분으로 판단하기 때문에 상대적으로 양은 많고 성분은 적게 추출된다.

▸ 과소추출 원인

원인은 다양하게 나타날 수 있다. 추출온도가 낮거나 보일러압력이 낮은 경우도 그럴 수 있고, 펌프압력이 높을 때도 과소추출의 원인이 된다. 커피입자를 굵게 그라인딩하거나 탬핑을 약하게 하는 경우도 그럴 수 있고, 너무 적은 양의 커피를 사용했을 때도 그렇다.

과소추출의 경우	▸ 추출온도가 낮은 경우 ▸ 보일러압력이 낮은 경우 ▸ 펌프압력이 높은 경우 ▸ 그라인딩이 굵은 경우 ▸ 탬핑이 약한 경우 ▸ 커피양이 적은 경우

▸ 과소추출 현상

과소추출의 현상도 다양하게 나타난다. 짧은 시간에 점성 없이 물이 흐르는 것처럼 빨리 추출되고 크레마 색상도 연하고 묽어 거의 바디를 느끼지 못한다. 또한 크레마가 빨리 사라져 검은색의 커피 액이 보이고 향이 거의 없으며 맛 또한 싱겁다.

과소추출

과다추출(Over-extraction)

성분이 너무 많이 추출되어 쓰고 유쾌하지 않은 맛의 커피를 말한다. 이 경우 양은 적고 성분은 많게 추출된다.

▸ 과다추출 원인

원인은 다양하게 나타날 수 있다. 추출온도가 높거나 보일러압력이 높은 경우도 그럴 수 있고, 펌프압력이 낮은 경우도 과다추출의 원인이 된다.

커피입자를 너무 가늘게 그라인딩하거나 탬핑을 강하게 하는 경우도 그럴 수 있고, 너무 많은 커피 양을 사용했을 때도 그렇다.

과다추출의 경우	▸ 추출온도가 높은 경우 ▸ 보일러압력이 높은 경우 ▸ 펌프압력이 낮은 경우 ▸ 그라인딩이 가는 경우 ▸ 탬핑이 강한 경우 ▸ 커피양이 많은 경우

▸ 과다추출 현상

과다추출의 현상도 다양하게 나타난다. 버튼을 누른 다음 한참이 지나서 한 방울 한 방울 추출이 이루어지고 크레마의 색상도 어둡게 보인다. 또한 크레마에 흰색반점이나 기포가 생겨 얼룩처럼 보이고 쓰고 탄 맛이 날 수 있고 향도 거의 느껴지지 않는다.

과다추출

7) 에스프레소 추출 순서

다음은 에스프레소 추출 순서 가이드라인이다.

1. 포터필터 탈착과 필터 확인하기 ↬
2. 필터바스켓 닦기 ↬
3. 그라인더에 포터필터 올리기 ↬
4. 그라인딩하기 ↬
5. 도징하기 ↬
6. 레블링하기 ↬
7. 탬핑하기 ↬
8. 가장자리 털어내기 ↬
9. 물 흘리기 ↬
10. 포터필터 장착하기 ↬
11. 추출버튼 누르기 ↬
12. 잔 내려 받기 ↬
13. 서빙하기 ↬
14. 포터필터 탈착하기 ↬
15. 물 흘리기 ↬
16. 커피 케익 제거하기 ↬
17. 필터바스켓 물로 닦기 ↬
18. 포터필터 장착하기

위 과정을 참고하여 에스프레소를 추출하면 다양한 형태의 응용력도 생길 수 있을 것이다.

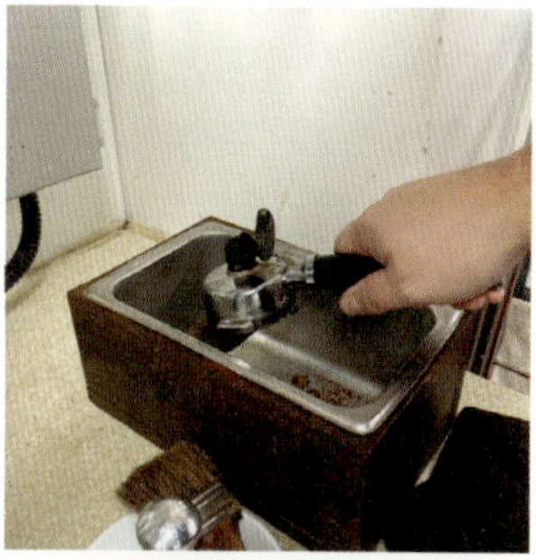

CONTI

8) 팩킹(Packing)

팩킹이란 에스프레소 추출 과정으로 도징(Dosing, 커피 받기), 레블링(Leveling, 수평 맞추기), 탬핑(Tamping, 다지기) 과정을 일컫는 말이다.

구분	종류	비고
1	도징(Dosing)	받기
2	레블링(Leveling)	수평 맞추기
3	탬핑(Tamping	다지기

도징(Dosing)

그라인더에 있는 원두를 그라인딩하여 포터필터에 커피가루를 담는 동작을 의미한다.

도징

레블링(Leveling)

포터필터에 담긴 커피가루를 수평으로 맞추어 균일한 성분이 추출되도록 하는 동작을 의미한다.

레블링

탬핑(Tamping)

레블링 후 힘을 가하여 커피가루를 고르게 다지는 동작을 의미한다.

탬핑

태핑(Tapping)

레블링 후 필터바스켓을 가볍게 치는 행위를 말하는데, 요즈음은 대부분 태핑 과정은 생략하고 있다.

2. 에스프레소 머신

1) 에스프레소 머신의 발달과정

에스프레소머신은 현재까지 4단계의 발달과정을 거치고 있다. 1단계는 진공추출 방식으로 커피를 추출하는 것이다. 2단계는 증기압추출 방식으로 커피를 추출하는 것이다. 3단계는 피스톤추출 방식으로 커피를 추출하는 것이다. 4단계는 전동펌프추출 방식으로 커피를 추출하는 것이다.

구분	내용	비고
1	진공(Vacuum) 추출방식	1840
2	증기(Vapor)압 추출방식	1901
3	피스톤(Piston) 추출방식	1946
4	전동펌프(Pump) 추출방식	1960

진공(Vacuum) 추출방식

진공방식은 진공을 이용해 올라온 물이 커피가루를 적시면서 커피가 추출되는 방식을 말한다. 1840년대에 드디어 기압(Bar, Barometer)을 이용하여 커피의 추출 속도를 높일 수 있는 기계가 개발된다.

증기(Vapor)압 추출방식

증기압방식은 증기의 압력을 이용해 올라온 물이 커피가루를 통과하면서 커피가 추출되는 방식을 말한다. 1901년경 증기압을 이용하여 커피를 추출하는 원통형 에스프레소머신이 시작된다. 물이 그룹을 통하여 에스프레소를 추출하는 머신이라 할 수 있다.

피스톤(Piston) 추출방식

피스톤방식은 바리스타가 레버(Lever)를 사용하여 뜨거운 물이 커피가루를 통과하게 하면서 커피가 추출되는 방식을 말한다. 레버 방식에는 두 가지가 있다. 첫째는 핸드레버 방식이고, 둘째는 스프링레버 방식이다.

이 방식은 1946년경 개발된 것으로 최초로 맛과 향을 보존해주는 크레마(Crema)가 만들어진다. 제품은 1948년경에 시판되었는데, 머신의 형태가 수직형의 원통에서 수평형으로 변하였다.

전동펌프(Pump) 추출방식

전동펌프방식은 전동펌프를 통해 에스프레소 추출에 필요한 압력을 가해 올라온 물이 커피가루를 통과하면서 에스프레소가 추출되는 방식을 말한다. 1960년경 전동펌프를 이용해서 커피가루에 자동으로 물을 뿌려주는 방식의 머신이 개발된다.

이것은 최초로 열교환기(Heat Exchanger)를 보일러 속에 장착해서 찬물이 뜨거운 물로 변하게 한다. 그 물이 관을 통과하면서 에스프레소가 추출되는 방식이라 할 수 있다.

2) 에스프레소머신의 분류

여기에서는 수동식 머신(Manual espresso machine), 반자동 머신(Semi-automatic espresso machine), 전자동 머신(Fully automatic espresso machine) 등 세 가지 형태의 머신으로 분류할 수 있다.

구분	내용	비고
1	수동식 에스프레소 머신	
2	반자동 에스프레소 머신	
3	전자동 에스프레소 머신	

수동식 에스프레소 머신(Manual espresso machine)

수동식 에스프레소머신은 피스톤 구조의 전통적인 레버방식 머신이다. 바리스타가 힘을 주어 피스톤을 작동시켜 커피를 추출하는 방식이다.

수동머신

바리스타가 머신에 부착된 레버를 작동하여 높은 압력을 가해 커피를 추출한다. 바리스타가 커피 추출량을 조절할 수도 있다. 현재도 100년 이상된 수동식 머신이 이태리 남부뿐만 아니라 여러 나라에서 고풍스럽게 위용을 떨치고 있다.

반자동 에스프레소 머신(Semi-automatic espresso machine)

반자동 에스프레소머신은 추출작업의 자동화에 필요한 추출버튼 5개가 각 그룹에 부착되어 있다. 바리스타가 그라인딩과 탬핑 작업 후 추출 하는 방식이다. 이 머신은 자체에 메모리 기능이 있어 물의 양을 자동으로 설정 할 수 있다.

또한 플로우 미터가 있어 입력된 양의 물이 통과하여 정해진 양의 커피가 추출된다. 그 후 펌프는 자동으로 off가 되고, 남은 압력과 물은 3방향 솔레노이드 밸브를 통해 배출된다.

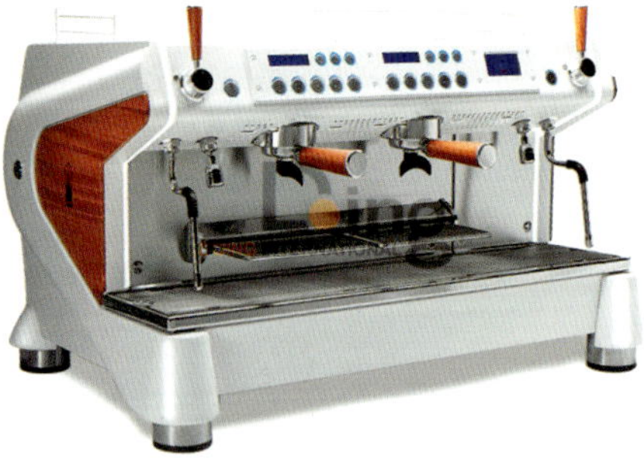

반자동 머신((주)두잉 제공)

전자동 에스프레소 머신(Fully automatic espresso machine)

전자동 에스프레소머신은 바리스타가 버튼만 누르면 자동으로 작동되는 방식이다. 따라서 내장된 그라인더를 통해 커피를 그라인딩하고 탬핑까지 하여 원하는 메뉴의 커피를 추출할 수 있다. 바리스타는 머신에 원두를 채우고, 물이 공급될 수 있도록 하면 된다.

머신 자체에 우유거품기와 분배 장치가 달려있다. 버튼을 누르면 에스프레소는 물론이고, 카페라떼, 카푸치노 등 원하는 여러 가지의 메뉴를 만들어 낼 수 있다.

전자동 머신((주)두잉 제공)

3) 에스프레소머신 명칭 이해

에스프레소머신과 관련된 명칭들이 있다.

에스프레소머신(Espresso machine)

보일러의 높은 압력과 온도를 이용하여 빠른 시간에 진한 커피를 추출하는 방식으로 커피 고유의 깊은 맛과 향을 느낄 수 있다.

스위치(Main switch)

머신에 전원을 공급하고 차단하는 스위치를 말한다. 머신마다 스위치의 위치와 모양이 다양하게 만들어져 있다.

버튼(Coffee control buttons)

머신에 붙어 있는 여러 개의 커피 추출용 버튼을 말한다.

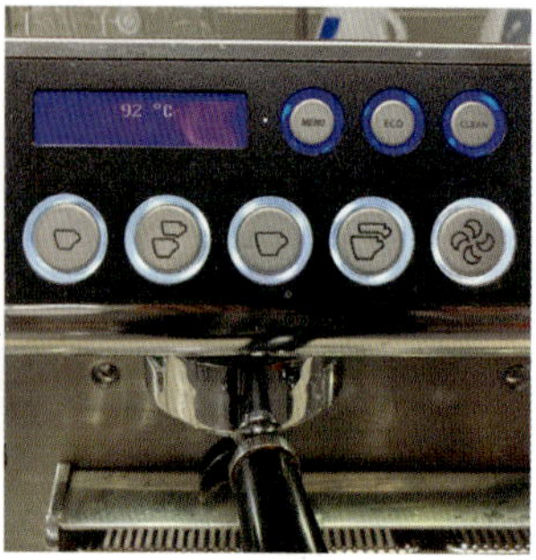

전체 버튼

온수버튼(Hot water buttons)

머신에 붙어 있는 온수 추출 전용 버튼을 말한다.

온수분배기(Hot water dispenser)

추출에 필요한 온수가 나오는 추출구를 말한다.

온수버튼

온수분배기

스팀파이프(Steam pipe)

스티밍할 때 사용하는 파이프를 말하며 스팀노즐(Steam nozzle)이나 스팀 완드(Steam wand)라고도 한다.

스팀밸브(Steam valve)

스티밍할 때 스팀이 나올 수 있도록 열어주는 장치를 말한다.

스팀파이프

스팀밸브

물 받침대(Drip tray)

머신에서 떨어지는 물이 빠질 수 있도록 한 배수 받침대를 말한다.

컵받침(Drip tray grill)

커피 추출시 컵을 올려놓는 물 받침대 위에 있는 받침대를 말한다.

물 받침대

컵 받침대

받침대(Adjustable foot)

머신을 지지하는 받침대를 말하며 머신의 높이와 수평을 맞출 때 사용할 수 있다

보일러(Boiler)

보일러는 물을 데우는 장치로 커피 추출에 필요한 온수와 스팀, 압력을 만들어낸다. 스팀과 온수를 만드는 보일러와 물을 공급하는 보일러가 구분되어 있다.

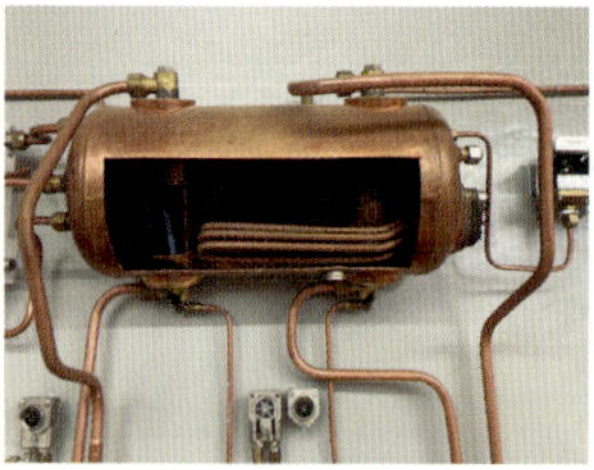

보일러

펌프압력 게이지(Water pressure manometer)

펌프압력 게이지는 대체로 0~15의 숫자로 표시되어 있고, 머신마다 사용 가능한 범위가 색깔로 표시되어 있다. 머신이 off 상태일 때는 수압에 따라 수압을 나타내는 숫자를 가리키고 있다. 바늘이 숫자 3을 가리키면 수압이 3 bar라는 의미이다.

보일러압력 게이지(Boiler pressure manometer)

보일러압력 게이지는 대체로 0~3 또는 0~2.5 단계의 숫자로 표시되어 있고, 머신이 off 상태에서 바늘이 지시하는 숫자는 0에 위치해 있다. 머신이 정상적으로 작동되는 상태에서 바늘은 1~1.5 사이에 위치하게 된다.

펌프압력 게이지

보일러압력 게이지

그룹헤드(Group head)

커피를 추출할 때 포터필터를 장착하는 곳으로 물이 데워지는 곳이다.

포터필터(Portafilter)

곱게 그라인딩한 커피가루를 담을 수 있는 필터 바스켓이 달린 장치로 one-cup 혹은 two-cup spout가 있다.

그룹헤드

포터필터

개스킷(Gasket)

양쪽을 연결하는 틈새에서 물이 새지 않도록 사이에 끼워 넣는 패킹(packing)을 말한다.

샤워 홀더(Shower holder, Diffuser)

샤워 필터를 고정시켜주는 장치를 말한다.

샤워 필터 (Shower filter, Shower screen, Dispersion screen)

물이 고르게 분사되도록 하는 장치를 말한다.

개스킷

샤워 홀더

샤워 필터

필터홀더(Filter holder)

포터필터에서 필터 바스켓을 잡아주는 장치를 말한다.

▸ 필터홀더 손잡이(Filter holder knob)

필터 홀더에 붙어 있는 손잡이를 말한다.

▸ 필터홀더 스프링(Filter holder spring)

필터홀더에서 필터 바스켓을 고정시켜주는 스프링을 말한다.

필터 홀더

필터 홀더 스프링

필터 홀더 손잡이

▸ 원 컵 필터홀더(One-cup filter holder)

원 컵 필터 바스켓을 고정시켜주는 장치를 말한다.

▸ 투 컵 필터홀더(Two-cup filter holder)

투 컵 필터 바스켓을 고정시켜주는 장치를 말한다.

필터홀더

▸ 원 컵 필터 바스켓(One-cup filter basket)

한잔 추출용으로 6~8g 정도의 커피 양을 담을 수 있는 장치를 말한다.

▸ 투 컵 필터 바스켓(Two-cup filter basket)

두잔 추출용으로 12~16g 정도의 커피 양을 담을 수 있는 장치를 말한다.

▸ 블라인드 필터(Blind filter)

구멍이 뚫려있지 않은 필터로 그룹헤드를 청소할 때 사용하는 장치를 말한다.

원 컵 필터 바스켓, 투 컵 필터 바스켓, 블라인드 필터

▸ 원 컵 스파우트(One-cup spout)

한 잔용으로 커피 추출구가 하나인 장치를 말한다.

원 컵 스파우트 투 컵 스파우트

▸ 투 컵 스파우트(Two-cup spout)

두 잔용으로 커피 추출구가 두 개인 장치를 말한다.

기타

▸ 데미타스(Demitasse)

보통 잔의 반 정도 되는 크기로 에스프레소용 세라믹 잔을 말한다.

▸ 샷 글라스(Shot glass)

에스프레소용 유리잔을 말한다.

데미타스

샷 글라스

▸ 우유거품(Froth)

우유를 스티밍하여 만들어낸 우유거품을 말한다.

우유거품

▶ 우유거품 메이커(Froth maker)

우유를 이용하여 거품을 만들어내는 기구를 말한다.

▶ 우유 피처(Milk pitcher)

우유를 스티밍할 때 사용하는 피처를 말한다.

우유거품 메이커

▶ 탬퍼(Tamper)

포터필터에 담은 커피가루를 다지는 기구를 말한다.

▶ 디스트리뷰터(Distributor)

포터필터에 담은 커피를 고르게 분배하는 장치를 말한다.

탬퍼

▸ 넉 박스(Knock box)

에스프레소 추출 후 포터필터에 담긴 퍽(Puck)을 버리는 박스를 말한다.

▸ 브러시(Brush)

주변 청소용 솔을 말한다.

넉 박스

브러시

▸ 아이스 메이커(Ice maker)

일명 제빙기로 얼음을 얼리는 기구를 말한다.

▸ 아이스 크러셔(Ice crusher)

일명 쇄빙기로 얼음 덩어리를 잘게 부수는 기구를 말한다.

▸ 아이스 슬라이서(Ice slicer)

일명 빙삭기로 얼음을 잘게 가는 기구를 말한다.

아이스메이커

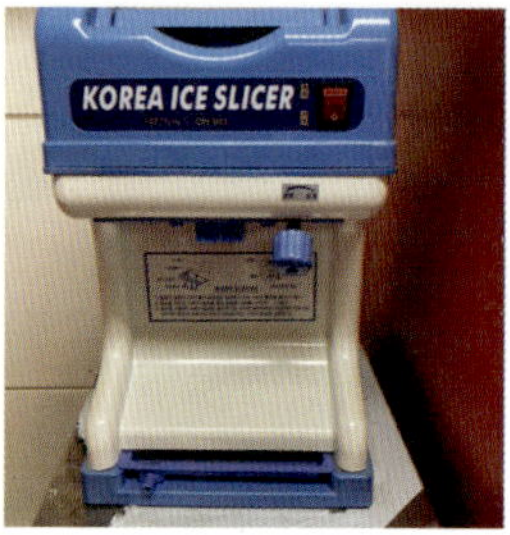

아이스슬라이서

▸ 블랜더(Blender)

일명 믹서기로 여러 가지 재료를 혼합하는 기구를 말한다.

블랜더

4) 에스프레소 머신 동작 과정

에스프레소 머신의 작동 원리에 대한 것이다. 추출버튼을 누른 경우, 인퓨전 동작이 있는 경우, 추출 멈춤 버튼을 누른 경우, 멈춤 상태의 경우에서 머신이 어떻게 작동하는 지에 대한 과정 설명이다.

① 추출 동작(Open)

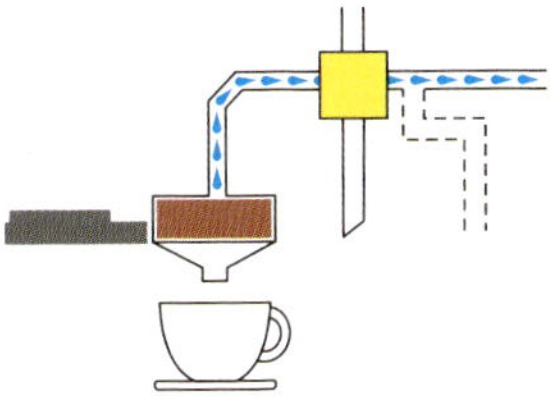

② 추출 시 인퓨전 동작(Open, Infusion Device)

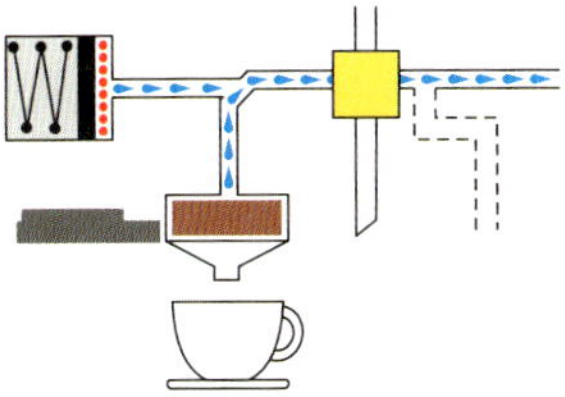

③ 추출 멈춤 동작(Open to close)

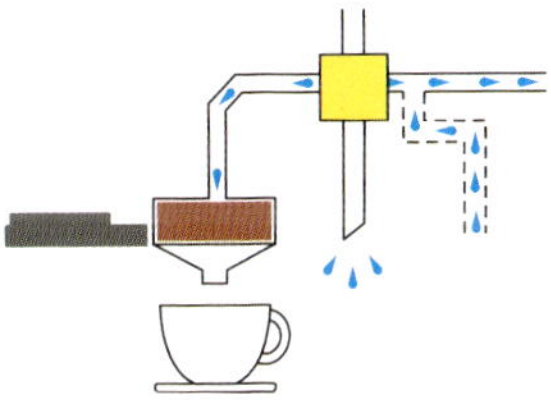

④ 추출 멈춤 상태(Closed)

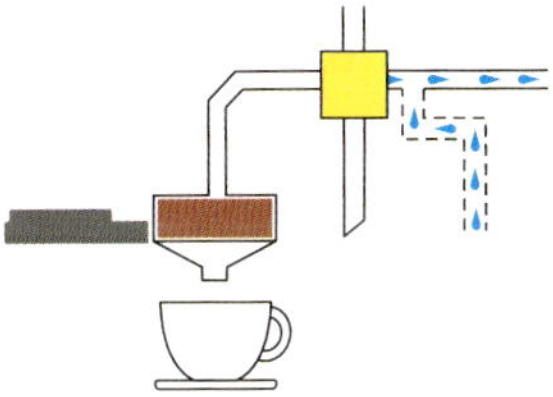

추출 동작(Open)

추출버튼을 누르면 보일러의 물이 포터필터를 통해 커피가 추출되는 동작을 말한다.

추출 시 인퓨전 동작(Open, Infusion Device)

추출버튼을 누르면 추출 시 인퓨전 기능을 갖는 것으로 약 5초 정도 인퓨징 타임이 소요되는 동작을 말한다.

추출 멈춤 동작(Open to close)

추출 멈춤 버튼을 누르면 추출이 끝났을 때나 특히 클리너로 청소가 끝났을 때 포터필터 쪽에 남아 있는 물이나 이미 생성된 압력은 배수구(Drain)를 통해 빠져나가게 되는 동작을 말한다.

추출 멈춤 상태(Closed)

추출버튼이 작동되지 않는 동안에는 뜨거운 물이 순환하면서 그룹은 항상 데워진 상태로 있게 된다.

Ⅱ

그라인더는 다양하다

1. 그라인더 종류

그라인더는 크게 충격식 그라인더와 간격식 그라인더로 구분한다.

구분	종류	
1	충격식 그라인더 (Impact type grinder)	▸ 칼날형 그라인더 (Blade type grinder)
2	간격식 그라인더 (Gap type grinder)	▸ 롤형 그라인더 (Roll type grinder)
		▸ 버형 그라인더 (Burr type grinder)

2. 충격식 그라인더(Impact type grinder)

칼날형 그라인더(Blade type grinder)

두 개의 칼날이 프로펠러처럼 통 안에서 돌면서 원두를 분쇄하게 된다. 소형 그라인더로 주로 가정에서 사용되고, 고른 분쇄가 어렵다. 가정용 블렌더(믹서)의 원리라고 할 수 있다.

칼날형 그라인더

3. 간격식 그라인더(Gap type grinder)

1) 롤형 그라인더(Roll type grinder)

산업용 그라인더로 롤이 서로 반대로 회전하면서 원두를 분쇄하게 된다. 커피 분쇄가 균일하게 이루어진다.

2) 버형 그라인더(Burr type grinder)

원뿔형(conical burr type)과 평면형(flat burr type) 그라인더가 있다.

구분	종류	
1	버형 그라인더 (Burr type grinder)	▶ 원뿔형 (Conical burr type)
		▶ 평면형 (Flat burr type)

버형 그라인더((주)두잉 제공)

① 원뿔형 그라인더(Conical burr type grinder)

원뿔형태의 그라인더로 회전수가 적어 열 발생은 적은 반면 분쇄 속도가 느리다는 아쉬움이 있다. 커피 밀(Coffee mill)이나 드립용 그라인더가 원뿔형이다.

핸드밀

② 평면형 그라인더(Flat burr type grinder)

평면형태의 그라인더로 원두가 두 개의 버(burr) 사이에서 분쇄되는 방식으로 커피입자는 비교적 균일하게 갈린다. 그라인딩 방식(Grinding)과 커팅 방식(Cutting) 그라인더가 있다.

<table>
<tr><th>구분</th><th colspan="2">종류</th></tr>
<tr><td rowspan="2">1</td><td rowspan="2">평면형 그라인더
(Flat burr type grinder)</td><td>▸ 그라인딩 밀
(Grinding mill)</td></tr>
<tr><td>▸ 커팅 밀
(Cutting mill)</td></tr>
</table>

그라인딩 밀(Grinding mill) 방식

원두를 마치 맷돌처럼 으깨서 가는 방식으로 드립용 그라인더로 적합니다.

커팅 밀(Cutting mill) 방식

원두를 잘라 미세하게 분쇄하는 방식으로 에스프레소용 그라인더로 적합하다. Grinding 방식에 비해 Cutting 방식이 열이 더 발생한다.

드립 그라인더((주)두잉 제공)

3) 에스프레소용 그라인더(Espresso grinder)

수동 그라인더(Manual grinder)

전원 스위치를 작동하여 그라인딩하는 방식으로 그라인딩된 커피가루는 도저에 담기고, 도저에 담긴 커피가루는 배출레버를 이용하여 포터필터에 담게 된다.

수동 그라인더((주)두잉 제공)

자동 그라인더(Automatic grinder)

미리 양을 세팅하여 그라인딩하는 방식으로 그라인딩된 커피는 도저를 거치지 않고 바로 포터필터에 담기게 된다. 자동에는 도저가 없다하여 도저리스(Doserless) 그라인더라고도 한다.

자동 그라인더((주)두잉 제공)

4) 그라인딩(Grinding)

커피 맛에 변화를 줄 수 있는 중요한 요소로 그라인딩이 있다. 그라인딩이란 원두(whole bean)를 잘게 부수어 물과 접촉하는 표면적을 넓혀 주는 동작이다. 따라서 커피의 성분이 물에 쉽게 용해되어 추출이 잘 이루어지도록 하는 과정이라 할 수 있다.

◉ 커피 입자 크기에 따른 특성

▎커피입자가 굵을 경우

- ▸ 물의 통과가 빠르다.
- ▸ 성분이 적게 추출된다.
- ▸ 쓴맛이 약하다.
- ▸ 과소추출로 싱거운 맛이 날 수 있다.

▎커피입자가 가늘 경우

- ▸ 물의 통과가 느리다.
- ▸ 성분이 많이 추출된다.
- ▸ 쓴맛이 강하다.
- ▸ 과다추출로 잡미가 있을 수 있다.

그라인딩과 추출 원칙

그라인딩과 추출 간에는 일정한 원칙이 있다. 추출하는데 시간이 짧게 소요되는 경우 그라인딩 정도는 미세하게 하여야 한다. 반대로 추출하는데 시간이 길게 소요되는 경우 그라인딩 정도는 굵게 하여야 한다.

▶ 원두는 가늘게 그라인딩 할수록 물과 접촉하는 면적이 넓어져 커피성분이 많이 추출된다. 시간이 길어지면 진한 맛이 나오게 되고, 쓴맛과 떫은맛이 증가한다.

▶ 역으로 원두는 굵게 그라인딩 할수록 물과 접촉하는 면적이 좁아져 커피성분이 적게 추출된다. 시간이 짧아지면 성분이 충분히 추출되지 않아 맛이 싱거워 질 수 있다.

커피입자에 따른 맛의 변화

커피입자에 따른 맛의 변화를 예측할 수 있다. 입자를 가늘게 하면 물 통과가 느려져 성분이 많이 추출되고 쓴맛은 강해진다. 반면 입자를 굵게 하면 물 통과가 빨라져 성분이 적게 추출되고 쓴맛은 약해진다.

커피는 원두 상태일 때 보다 그라인딩하게 되면 향과 맛의 손실 속도가 빨라진다. 때문에 꼭 필요양만을 갈아서 사용하는 것이 좋다. 또한 커피가 과잉 추출되는 것을 막기 위해서는 그라인딩 할 때 미립 분말을 최소화해야 한다.

이 때 마찰에 의해 발생하는 열은 커피를 변색시킬 수 있고, 향미를 떨어뜨릴 수 있다. 일반적으로 원두를 굵게 갈아 추출하면 더 맛있는 커피를 즐길 수 있다고 한다.

로스팅과 그라인딩의 상관관계

로스팅과 그라인딩의 상관관계를 알면 더 맛있는 커피를 추출해 낼 수 있다.

▸ 다크 로스팅(Dark roasting)

다크로스팅된 커피의 경우 성분이 많이 추출되기 때문에 보다 굵게 그라인딩을 하여야 한다. 굵게 그라인딩을 할 경우 성분이 적게 추출되어 양자 간 균형을 이룰 수 있어 원하는 성분을 추출해 낼 수 있다.

▸ 라이트 로스팅(Light roasting)

라이트 로스팅된 커피의 경우 성분이 적게 추출되기 때문에 보다 가늘게 그라인딩하여야 한다. 가늘게 그라인딩을 할 경우 성분이 많이 추출되어 양자 간 균형을 이룰 수 있어 원하는 성분을 추출해 낼 수 있다.

단, 지나치게 곱게 갈 경우 커피가루가 전체적으로 적셔지지 않고, 부분적으로 부풀어 올라 속이 비어 있는 상황이 발생할 수도 있다. 커피 입자 크기와 로스팅 정도에 따른 맛의 특성이 있을 수 있다.

5) 그라인딩 분류

에스프레소 분쇄(Very fine grinding)

구분	에스프레소 분쇄
분쇄	0.3mm 이하
적용 커피	에스프레소 커피
추출시간	25초

에스프레소 분쇄

가는 분쇄(Fine grinding)

구분	가는 분쇄
분쇄	0.5mm
적용 커피	사이폰 커피
추출시간	1분 30초

가는 분쇄

중간 분쇄(Medium grinding)

구분	중간 분쇄
분쇄	0.5 ~ 1.0mm
적용 커피	드립 커피
추출시간	2분

중간 분쇄

굵은 분쇄(Coarse grinding)

구분	굵은 분쇄
분쇄	1.0mm 이상
적용 커피	프렌치 프레스 커피
추출시간	3분

굵은 분쇄

6) 그라인더 명칭의 이해

1/0, ON/OFF 스위치

그라인더 스위치로 1 또는 ON에 위치시키면 켜지고, 0 또는 OFF에 위치시키면 꺼지게 된다.

스위치

호퍼(Hopper)

원두를 담는 통으로 보통 2Kg 내외의 용량으로 되어 있다. 호퍼에는 원두 투입레버가 달려 있어 대체로 안으로 밀면 클로즈(Close)되고, 밖으로 당기면 오픈(Open) 된다.

도저(Doser)

원두를 그라인딩한 커피가루를 담는 통이다.

호퍼

도저

입자 조절판(Adjustment collar)

커피입자를 조절하는 장치로 대체로 숫자가 커지면 입자가 굵어지고, 숫자가 작아지면 입자가 가늘어진다.

레버(Lever)

커피가루를 배출하는 장치로 앞으로 당기면 그라인딩된 커피가 배출된다.

입자 조절판

레버

Ⅲ

나만의 추출 기구를 갖자

1. 커피추출

커피추출이란 분쇄커피(Ground coffee)에 신선한 물을 부어 추출하고자 하는 양질의 성분을 뽑아내는 것이다. 그러기 위해서는 좋은 품질의 그린 빈(Green bean)을 선택하여 원하는 맛을 낼 수 있는 로스팅 포인트(Roasting point)를 찾아야 한다. 또한 추출하고자 하는 기구를 선택하고, 그 기구에 맞는 크기로 원두를 그라인딩하여 추출해야 한다.

커피추출
▸ 좋은 품질의 그린 빈(Green bean) 선택 ▸ 원하는 로스팅 포인트(Roasting point) 설정 ▸ 원하는 추출기구 선택 ▸ 추출기구에 맞게 커피 그라인딩 ▸ 커피추출

커피성분 추출

커피성분은 추출 초기에는 우리가 원하는 좋은 맛과 좋은 향 성분들이 추출 된다. 추출 후기에는 우리가 원치 않는 맛과 향 성분들이 추출 된다. 다행하게도 우리가 선호하는 맛과 향은 물에 잘 녹아 일찍 추출되고 선호하지 않는 맛과 향은 물에 잘 녹지 않아 천천히 추출된다.

커피추출 과정

커피추출의 3대 원리를 침투 → 용해 → 분리라고 한다. 추출과정이란 커피입자에 물을 적시면 물이 입자 속으로 침투하여 가용성 성분이 용해되고, 용해된 성분이 커피입자 밖으로 용출되고, 그 성분이 커피입자와 분리되어 나오는 일련의 과정을 의미한다.

커피추출의 3대 원리		
침투	용해	분리

커피추출 기구작동

맛 좋은 커피를 추출하기 위해서는 커피 분쇄입자와 물의 접촉 시간을 잘 조절하여야 하고, 물의 온도를 잘 맞추어야 한다. 난류(Turbulence)를 활용할 수 있는 커피추출 기구작동 능력을 갖추면 좋을 것이다.

추출시간

커피를 추출하는데 있어서 시간은 매우 중요한 요소이다. 시간이 길어지면 원치 않는 맛, 즉 쓴맛과 떫은맛 등이 추출되어 향미(Flavor)에 좋지 않은 영향을 미친다. 추출시간은 보통 2분이 넘지 않게 하는 것이 좋다. 2분이 경과하게 되면 추출성분이 변하게 되고, 쓴맛과 떫은맛이 생겨 향미가 바람직하지 않게 된다.

물의 온도

물의 온도 또한 대단히 중요한 요소 중의 하나이다. 로스팅 정도에 따라 알맞은 물의 온도를 선택할 수 있어야 원하는 맛을 뽑아낼 수 있다. 일반적으로 물의 온도가 낮으면 신맛과 떫은맛이 나타나고, 물의 온도가 높으면 쓴맛과 날카로운 맛이 나타난다고 한다.

또한 물의 온도, 로스팅 정도, 그라인딩 상태에 따라 각기 포인트를 달리하여 커피를 추출해야 한다는 것을 알면 좋을 것이다. 높은 물의 온도, 다크 로스팅, 파인 그라인딩의 경우 커피 성분이 많이 추출된다. 그 반대일 경우 성분이 적게 추출된다는 관계성을 이해하면 맛있는 커피를 즐길 수 있을 것이다.

추출수율과 농도

일반적으로 커피를 추출할 때는 약 60~70% 정도의 불용성 성분이 있고, 약 10~12% 정도의 미 추출 성분이 존재한다고 한다. 따라서 성분을 100으로 할 때 추출수율(Soluble yield)은 이러한 미 추출 성분들을 제외한 약 18~22% 정도의 향이 풍부하고 조화된 맛 성분을 의미한다. 추출수율이 18%이하면 과소추출이 될 수 있고, 22%이상이면 과다추출이 될 수 있다.

추출농도(Soluble concentration)는 98.65~98.85% 정도의 물을 제외하면 1.15~1.35% 정도가 커피의 농도가 된다. 따라서 커피를 끓이는데 신선한 물을 사용하는 것은 대단히 중요하다는 것을 알 수 있다.

2. 커피추출 방법

구분	방식
침지법 [침출법]	우림식(Steeping)
	달임식(Decoction)
	삼출식(Percolation)
	진공 여과식(Vacuum filtration)
여과법 [투과법]	드립 여과식(Drip filtration)
	가압 추출식(Pressurized extraction)

1) 침지법

커피가루를 물에 넣고, 우려내거나 끓여 추출하는 방법을 말한다.

구분	방식	적용기구
침지법 [침출법]	우림식 Steeping	프렌치 프레스 French press
	달임식 Decoction	이브릭 Ibrik 체즈베 Cezve
	삼출식 Percolation	퍼콜레이터 Percolator
	진공 여과식 Vacuum filtration	사이폰 Siphon

우림식(Steeping)

뜨거운 물과 커피가루를 섞은 후 우려서 추출하는 방식이다.

달임식(Decoction)

뜨거운 물과 커피가루를 섞은 후 가열하여 추출하는 방식이다.

삼출식(Percolation)

커피가루에 뜨거운 물이 통과하여 추출된 커피 액이 반복 순환하면서 추출하는 방식이다.

진공 여과식(Vacuum filtration)

하부용기의 가열된 물이 증기압에 의해 상부로 올라가 커피가루와 섞인 후 커피 액이 하부로 내려오면서 추출되는 방식이다.

2) 여과법

커피가루를 필터에 넣고 물을 통과시켜 추출하는 방식이다.

구분	방식	적용기구
여과법 [투과법]	드립 여과식 Drip filtration	커피 메이커 Coffee maker
		콜드 워터 브루어 Cold water brewer
		드립 포트 Drip pot
		커피 언 Coffee urn
	가압 추출식 Pressurized extraction	에스프레소 머신 Espresso machine
		모카 포트 Mocha pot

드립 여과식(Drip filtration)

커피가루에 뜨거운 물이나 찬물이 통과하여 추출되는 방식이다.

가압 추출식(Pressurized extraction)

압력이 가해진 물이 커피가루를 통과하여 추출되는 방식이다.

3. 커피추출 기구

1) 전통 커피추출기구

구분	기구	비고
1	프렌치 프레스(French press)	1850
2	이브릭(Ibrik) / 체즈베(Cezve)	1000
3	퍼콜레이터(Percolator)	1800
4	사이폰(Siphon)	1840
5	커피 메이커(Coffee maker)	
6	콜드 워터 브루어(Cold water brewer)	1600
7	드립 포트(Drip pot)	1908
8	모카 포트(Mocha pot)	1933

① 프렌치 프레스(French press)

(Coffee Press, Plunger, Plunger pot)

프렌치 프레스는 프랑스에서 1850년대에 개발되었고, 2차 세계대전 후 많이 사용하게 되었다. 1950년대에 대중화되면서 1970년대에 보덤(Bodum)사에서 생산해 세계화에 기여하였다.

프렌치 프레스

② 이브릭(Ibrik), 체즈베(Cezve)

이브릭 커피는 대략 1,000년 전부터 터키에서 마시기 시작하여 1600년 경 프랑스로 전해져 유럽에 알려지게 되었다. 주전자 형태의 손잡이가 있는 기구를 이브릭, 막대 형태의 긴 손잡이가 있는 추출 기구를 체즈베라 한다. 이러한 기구로 추출된 커피를 터키쉬 커피(Turkish coffee)라 한다.

이브릭과 체즈베

③ 퍼콜레이터(Percolator)

퍼컬레이터는 필터에 커피가루를 넣고 물을 끓이면 뜨거워진 물이 반복적으로 순환하면서 커피가루를 적셔 추출하는 방식이다. 1800년 경 프랑스 벨로이(Belloy)가 발명한 기구이다. 베토벤이 즐겨 사용했다고 한다.

퍼콜레이터

④ 사이폰(Siphon, Vacuum brewer)

사이폰은 1840년 스코틀랜드 로버트 나피어(Robert Napire)가 진공식 추출 기구를 개발한 것을 시작으로 마담 바쉬(Madame Vassieux)가 오늘날과 유사한 사이폰을 만들어 낸다. 이를 1920년대에 일본인 고노가 상품화하여 사이폰이라는 이름을 사용하게 된다.

수직형 사이폰과 수평형 사이폰이 있다. 수평으로 된 사이폰을 밸런싱 사이폰(Balancing Siphon)이라 한다. 밸런싱 사이폰은 시각적인 효과도 뛰어나다.

사이폰

밸런싱 사이폰

⑤ 커피메이커(Coffee maker)

커피메이커는 오토드립(Automatic drip) 방식으로 커피메이커를 이용하여 자동으로 추출하는 방식이다. 필터에 커피가루를 넣고 일정량의 물을 부은 후 스위치 버튼을 누르면 물이 가열되면서 자동으로 추출이 이루어지는 기구를 말한다.

커피메이커

⑥ 콜드 워터 브루어(Cold water brewer)

콜드 워터 브루어는 여러 가지 설이 있을 수 있는데, 17세기경 네덜란드인들이 인도네시아 자바에서 유럽으로 이동하면서 배에서 마실 커피를 찾던 중 발견했다는 설이 있다. 아마도 상업적인 마케팅의 결과물이 아닐까 싶다.

찬물로 우려낸다하여 콜드 워터 브루(Cold water brew) 또는 워터 드립(Water drip)이라 한다. 여기에서 추출된 커피를 더치커피(Dutch coffee)라 부르기도 한다.

찬물로 오랜 시간 우려내므로 추출커피는 더 진하고 숙성된 맛을 느낄 수 있으며, 더 오래 보관이 가능하다. 추출 시간이 오래 걸리기 때문에 카페인은 에스프레소보다 더 많이 함유하고 있다고 볼 수 있다.

추출방식에는 두 가지가 있다. 하나는 점적식이고 다른 하나는 침출식이다.

콜드 워터 브루어

▸ 점적식

물이 커피가루에 한 방울 한 방울 떨어지면서 추출되는 방식을 말한다.

점적식

▸ 침출식

여과기에 커피가루를 넣고 서버에 찬물을 채워 추출하는 방식을 말한다.

침출식

⑦ 드립 기구

드립 기구는 1908년에 독일의 주부 멜리타 벤츠(Melita Benz)가 커피여과지로 거름종이를 사용한 것이 시초가 되어 발명되었다고 한다. 또한 본인 이름의 회사를 설립하여 드립 기구의 대중화에 일조하였다.

자신의 이름을 따 멜리타(Melita)라 부른다. 드리퍼의 구멍은 하나이다. 이후 일본인 칼리타(Kalita)가 구멍 3개짜리 드립퍼를 개발하여 상용화에 성공한다.

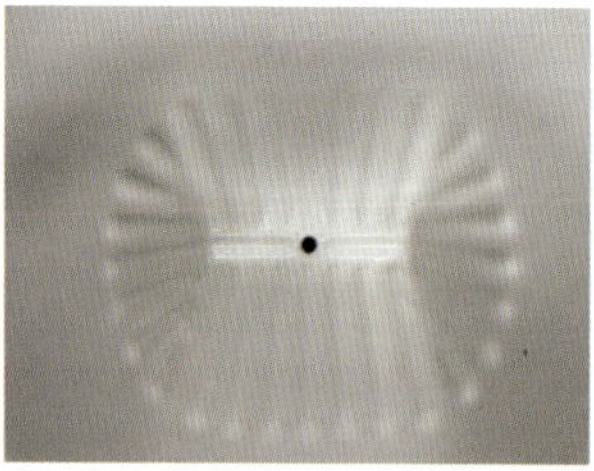

멜리타

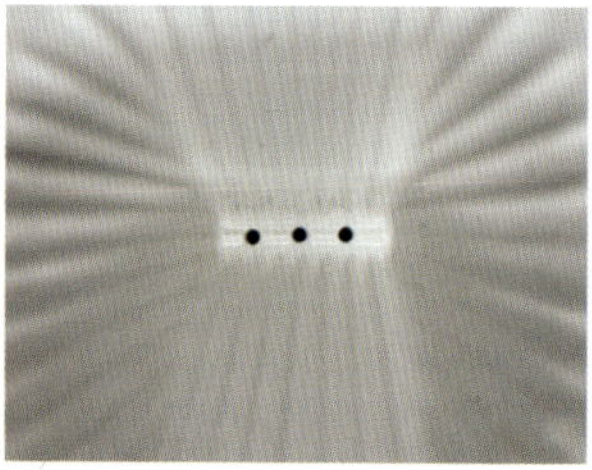

칼리타

⑧ 모카포트(Mocha Pot)

모카포트는 가정에서 쉽게 에스프레소를 즐길 수 있는 기구이다. 1933년 이탈리아인 알폰소 비알레띠(Alfonso Bialetti)가 저압의 모카포트를 개발하여 가정용 에스프로소를 추출하는데 성공한다. 재질로는 알루미늄, 스테인리스, 도기 등이 있다.

모카포트

2) 뉴타입 커피추출기구

구분	기구	비고
1	케멕스(Chemex)	1941
2	프레소(Presso)	
3	핸드 프레소(Hand presso)	
4	에어로프레스(Aeropress)	2005
5	클레버 드리퍼(Clever dripper)	
6	퍼스널 카페(Personal cafe)	
7	그라인드리퍼(Grindripper)	2010

① 케멕스(Chemex)

케멕스는 1941년 독일에서 개발된 기구로 올해로 80주년이 된다. 두툼한 전용 필터는 지방성분을 걸러준다. 공기 통로가 있다는 것도 주목이 간다.

케멕스

② 프레소(Presso)

프레소는 레버(Lever)를 이용해서 커피를 추출하는 수동 에스프레소 메이커(Espresso maker)이다. 구성은 본체와 포터필터(Portafilter), 탬퍼(Tamper)로 구성되어 있다.

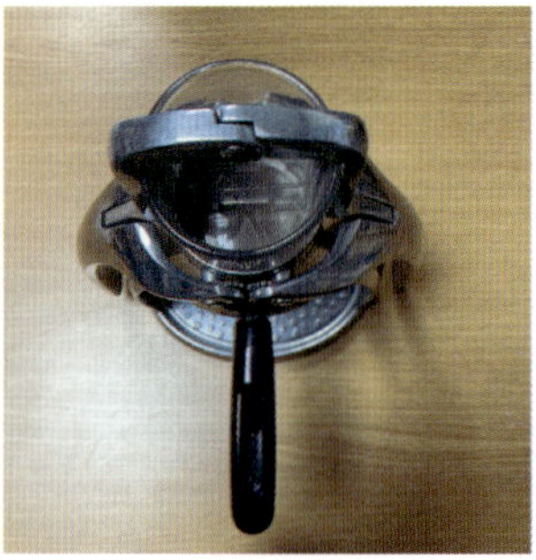

프레소

본체 위에 있는 실린더(Cylinder)에 뜨거운 물을 붓고, 커피 가루를 포터필터에 채운다. 그리고 기구 헤드에 장착하고 레버를 올렸다가 내리면서 압력을 가해 에스프레소 커피를 추출하는 방식이다.

③ 핸드 프레소(Hand presso)

핸드 프레소는 수동 펌핑으로 압력을 가해 커피를 추출하는 에스프레소 추출기구이다. 구성은 본체와 필터로 되어 있다. 둥근 부분에 물을 붓고 필터에 커피를 채워 장착한 다음 손잡이 부분에 부착된 피스톤을 이용하여 녹색선까지 압력을 높이고 추출 버튼을 누르면 커피가 추출된다.

종류는 파드(Pod)형과 분쇄형이 있고 파드를 이용할 때는 물을 붓고 파드를 올려 추출한다. 분쇄커피를 이용할 때는 물을 붓고 필터에 커피가루를 채워 추출한다. 그리고 뚜껑을 돌려 잘 잠그고, 버튼을 누르면 바로 추출이 이루어진다.

핸드 프레소

④ 에어로프레스(Aeropress)

에어로프레스는 2005년 미국의 Aerobie사에서 발명하였다. 이는 새로운 개념의 커피추출기로 주사기 원리를 이용하여 공기압으로 커피를 추출하는 기구이다.

구성은 체임버(Chamber), 플런저(Plunger), 필터 캡(Filter cap), 패들(Paddle), 스쿱(Scoop), 깔때기(Funnel), 전용 필터(Filter)로 구성되어 있다. 핸드드립(Hand drip)이나 프렌치프레스(Flench press)에 비해 짧은 시간에 추출할 수 있다.

에어로프레스

◉ 인버티드 메소드(Inverted method)

인버티드 방식은 거꾸로 추출하는 방식으로 먼저 플런저를 체임버에 끼워 뒤집어 놓고 계량한 분쇄커피를 넣는다. 뜨거운 물을 부은 다음 패들을 이용하여 원두가 잘 섞이도록 저어준다. 약 30초 후 종이필터를 넣은 필터 캡을 체임버에 끼우고 다시 뒤집어 일정한 압력으로 눌러 추출하면 된다.

⑤ 클레버 드리퍼(Clever dripper)

클레버드리퍼는 사용이 편리하고 시각적인 효과도 있어 최근에 인기가 있는 추출기구이다. 구성은 본체 하나로 되어 있고, 커피의 맛과 향을 살릴 수 있는 추출기구이다.

하부에 차단장치가 있어 서버(Server) 위에 올리면 차단장치가 위로 올라와 커피가 아래로 내려가는 방식이다. 클레버에 물을 부은 후 커피가 물에 잘 섞이도록 2,3회 저어주고, 약 2분 정도 커피를 우린 후 클레버를 서버에 올려 추출하면 된다.

클레버

⑥ 퍼스널카페(Personal Cafe)

퍼스널카페는 우리나라를 대표하는 커피전문가가 개발한 제품으로 많은 호응을 얻고 있다. 구성은 서버(Server), 망 형태의 필터(Filter), 샤워링 필터(Showering filter), 캡(Cap)으로 구성되어 있다. 활용법은 커피 필터에 약 10g 정도의 커피를 넣고 서버에 올리고, 그 위에 샤워링 필터를 올려놓고 뜨거운 물을 붓는다.

이때 1차로 약 30ml의 물을 사용하고, 약 1분 30초 후, 2차로 40ml 정도의 물을 붓는다. 3차로 약 1분 후, 20ml 정도의 물로 마무리하면 추출이 완성된다. 추출된 커피는 기호에 따라 물로 희석하여 즐기면 된다.

퍼스널 카페

⑦ 그라인드리퍼(Grindripper)

그라인드리퍼는 국내 블랙와인사에서 개발한 것으로 그라인더(Grinder)와 드리퍼(Dripper)가 함께 있는 추출기구이다. 구성은 원두를 보관할 수 있는 캐니스터(Canister), 그라인더(Grinder), 서버(Server), 페이퍼 필터(Paper filter) 등이 세트로 구성되어 있다.

그라인더 하부는 분쇄도를 조정할 수 있게 되어 있다. 그라인드리퍼용 종이필터를 접어 드리퍼에 끼우고 커피를 그라인딩한 후 뜨거운 물을 부어 추출하면 된다.

그라인드리퍼

3) 기타 커피추출기구

구분	기구	비고
1	나폴리타나(Napolitana)	
2	임프레스 커피 브루어(Impress coffee brewer)	
	에스프로 프레스(Espro press)	
3	핀(Phin)	
4	커피 언(Coffee urn)	

① 나폴리타나(Napolitana)

나폴리타나는 스토브 탑용으로 만들어진 커피포트이다. 프랑스에서 발명되었으나 이탈리아 ILSA사에서 재개발 되어 현재에 이르고 있다. 구성은 pot 2개, 필터바스켓(Filter basket), 필터바스켓 캡(Filter basket cap)으로 구성되어 있다.

활용법은 먼저 스파우트가 없는 포트에 물을 붓고, 필터바스켓에 커피를 담고 필터바스켓 캡을 씌운다. 그것을 포트 안에 넣고 또 다른 포트로 위에 맞춰 끼운다. 이어 스토브 위에 올려 끓인 다음 스파우트가 있는 포트가 밑으로 가도록 뒤집고 위쪽 포트를 제거하면 추출이 완성된다.

나폴리타나

② 임프레스 커피 브루어(Impress coffee brewer)

미국 임프레스사에서 생산한 제품으로 생김새는 프렌치프레스와 비슷하다. 구성은 외부의 큰 컵(Cup), 플런저(Plunger), 캡(Cap)으로 구성되어 있다.

임프레스

활용법은 분쇄한 커피를 붓고, 뜨거운 물을 부어 약 3분 정도 우린 뒤 플런저로 누르면 된다. 이때 플런저 아래 부분의 필터 사이로 커피가 올라오는 것을 볼 수 있다. 이렇게 추출된 커피는 그대로 마셔도 좋고, 다른 컵에 따라 농도를 맞춰 마셔도 좋다.

③ 에스프로 프레스(Espro press)

에스프로 프레스는 프렌치 프레스의 단점을 보완한 제품이라 할 수 있다. 구성 품으로는 서버(Server), 플런저(Plunger), 이중 필터(Double filter)가 있다. 필터가 이중으로 되어 미분을 걸러낼 수 있어 섬세하고 깔끔한 맛을 즐길 수 있다.

활용법은 미디엄 정도로 로스팅된 커피가루를 서버에 넣고, 92도 정도의 뜨거운 물을 부어 스틱으로 2,3회 저어준다. 이후 플런저로 천천히 눌러 2,3분 후 즐기면 된다.

에스프로 프레스

④ 핀(Phin)

핀은 베트남식 커피 추출 기구이다. 베트남에선 커피를 ca

phe라 한다. 구성은 드리퍼, 프레스 판, 캡으로 구성되어 있다. 베트남에선 더운 날씨 탓에 우유보다는 연유를 주로 이용한다.

활용법은 컵에 연유를 따르고, 드리퍼를 컵 위에 올리고, 커피가루를 넣고, 프레스 판을 올린다. 그 후 약 80ml 정도의 물을 붓고, 2,3분 정도 지나면 추출이 완성된다.

참고로 베트남에선 뜨거운 커피를 ca phe nong, 아이스커피를 ca phe da, 연유를 넣은 아이스커피를 ca phe sua da라 한다.

핀

⑤ 커피 언(Coffee Urn)

커피 언은 드립식 추출법의 원리를 이용한 커피기구이다. 한 번에 소량의 원두를 사용하여 대량의 커피 액을 추출할 수 있어 뷔페나 행사시에 많이 사용되는 기구이다.

구성은 본체 안에 퍼콜레이터 형태의 드리퍼가 있다. 활용법은 커피를 필터 안에 넣고 원하는 만큼의 물을 채우고 전원을 켜면 커피 액이 추출되어 일정 온도로 보온 유지되는 편리성이 있는 커피추출기구이다.

Ⅳ

드립 추출 커피를 즐기자

◉ 드립추출 커피

중력의 원리를 이용하여 마음으로 내리는 것이 드립 커피이다. 중력하면 떠오르는 사람이 아이작 뉴턴(I. Newton)이다. 역사상 가장 비중 있고 영향력 있는 과학자 중 한 사람이 뉴턴일 것이다.

사과가 아래로 떨어지는 것을 보고 중력이 작용한 결과라고 했고, 모든 사물과 사물 사이에 존재하는 힘이 있는데 그것을 중력이라 했다. 커피에도 이러한 중력의 원리를 이용하여 추출하는 커피가 있다. 그것을 드립커피라 한다.

뉴턴의 사과처럼 사과(Apple)는 아주 결정적인 순간에 등장하는 것 같다. 태초에 이브를 유혹한 과일인 금단의 사과가 그렇고, 심지어 아담이 먹는 순간 목에 걸려 생겼다는 아담의 사과(Adam's apple)도 그렇다. 독이든 사과를 먹고 잠이 들어 왕자를 기다리는 백설공주의 사과가 그렇고, 독이든 사과를 먹고 자살해 애플사의 로고가 되었다는 설이 있는 앨런 튜링의 사과가 그렇다.

전쟁을 가져온 사과도 있다. 세 여신의 제안 중 최고의 미인을 얻게 해주겠다는 아프로디테를 선택하여 트로이전쟁을 예고한 파리스왕자의 황금사과가 그렇다.

혁명을 가져온 사과도 있다. 아들 머리 위 사과를 화살로 맞춰 스위스 독립운동의 시작이 되었다는 윌리엄 텔의 사과가 그렇고, 프랑스 파리를 중심으로 한 근대미술의 혁명을 예고했다는 폴 세잔의 사과가 그렇다. 현재는 건강을 지켜주는 사과로늘 우리와 함께 하는 벗이 되어 있기도 하다.

마치 아래로 떨어지는 사과처럼 자연스럽게 흐르는 물의 원리를 이용하여 추출하는 커피를 핸드드립커피라 한다. 사실 핸드드립(Hand drip)이라는 용어는 정확한 영어식 표기는 아니다. 오히려 포오버(Pour over)나 매뉴얼드립(Manual drip)에 가까운데 핸드폰처럼 우리식으로 변형되어 사용되고 있다고 볼 수 있다.

드립세트

1. 드립(Drip)

드립(Drip) 방식은 필터에 커피가루를 담고, 뜨거운 물을 부어 추출하는 방식으로 두 가지 형태가 있다. 첫째는 오토드립(Auto drip)으로 커피 메이커 등의 기계를 이용하여 자동으로 커피를 추출하는 방식이다. 둘째는 일명 핸드드립(Hand drip)으로 손으로 뜨거운 물을 부어 수동으로 추출하는 방식이다.

핸드드립은 손으로 물을 부어 추출하는 방식이다. 자신의 마음이 가는 대로, 느낌이 오는 대로 원하는 스타일에 따라 내 멋대로 내 맛대로 추출하는 커피다. 혹자는 핸드드립은 '시와 같다'라는 표현을 하기도 한다. 그것은 아마도 사람에 따라 방식도 다르고 맛도 다양하게 연출될 수 있기 때문일 것이다.

◉ 드립(Drip)과 에스프레소(Espresso) 비교

압력

드립	에스프레소
▲ 중력으로 추출 ▲ 1~2bar 정도	▲ 압력으로 추출 ▲ 9bar 정도

성분

드립	에스프레소
▲ 수용성 성분 추출	▲ 수용성 성분 추출 ▲ 불용성 성분 추출

맛

드립	에스프레소
▲ 부드럽고 깔끔한 맛	▲ 진하고 복합적인 맛

카페인

드립	에스프레소
▲ 에스프레소보다 많음	▲ 드립보다 적음

커피

드립	에스프레소
▲ 싱글 커피에 적용	▲ 블렌딩 커피에 적용

시간

드립	에스프레소
▲ 추출시간이 김 ▲ 2~3분 정도	▲ 추출시간이 짧음 ▲ 20~30초 정도

메뉴

드립	에스프레소
▲ 제한적 메뉴에 적용	▲ 다양한 메뉴에 적용

기구가격

드립	에스프레소
▲ 저가	▲ 고가

드립 커피

드립커피는 자신의 마음과 느낌으로 자신이 원하는 스타일에 따라 추출하는 커피라 할 수 있다. 따라서 추출하는 사람마다 방식도 다르고 맛도 다양하게 연출된다. 뿐만 아니라 물의 온도에 따라서도 다양한 성분을 추출해 낼 수 있다.

1) 드립(Drip) 준비

드립을 잘하면 맛 좋고 건강에 좋은 커피를 마실 수 있다. 거기에 드립을 폼 나게 하면 멋진 바리스타로 대중의 스타가 될 수도 있다. 드립방법은 대륙별로 나라별로 개인별로 특색 있고 다양하다.

그 맛 또한 다르게 평가될 수 있음을 안다. 드립커피를 즐기

려면 우선 자신의 드립스타일을 찾고, 자신의 입맛에 맞는 커피를 추출하는 나만의 드립법을 만들면 좋을 것이다.

2) 드립 준비물

커피(Coffee)

원하는 양의 신선한 원두를 그라인딩하여 준비한 커피

계량스푼(Measuring spoon)

그라인딩한 커피를 원하는 양만큼 계량할 수 있는 스푼

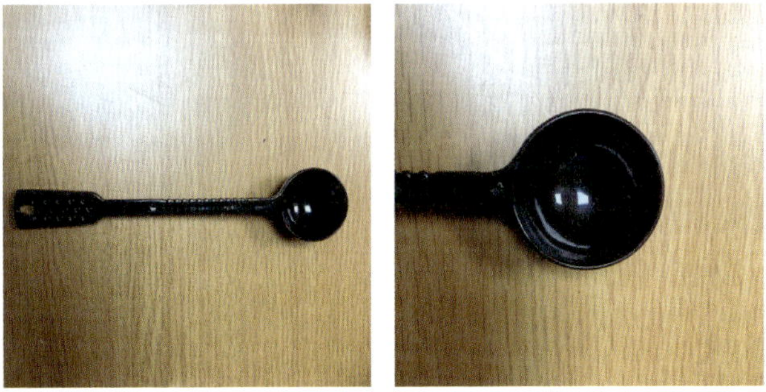

계량스푼

저울(Scale)

원두의 무게를 정확하게 다는 데 사용하는 기구

저울

커피밀(Coffee mill) / 그라인더(Grinder)

원두의 표면적을 넓혀 추출하기 쉽게 하는 기구

커피밀

온도계(Thermometer)

커피 맛에 변화를 줄 수 있는 물의 온도를 측정하는 기구

온도계

서버(Server)

드리퍼 밑에 받쳐 추출된 커피를 담을 수 있는 포트

서버

드리퍼(Dripper)

필터를 끼워 커피가루를 넣고 물을 부어 커피가 추출되게 하는 기구

필터(Filter)

커피가루를 넣고 물을 부었을 때 커피가루가 걸러지게 하는 필터

잔(Cup)

추출된 커피를 담아 마실 수 있는 잔

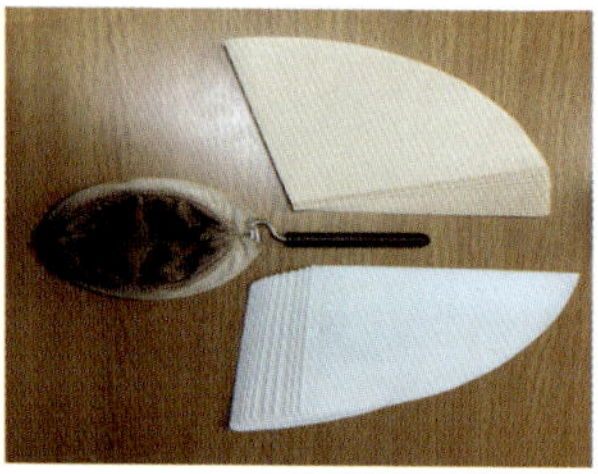

필터

잔

드립포트(Drip pot)

뜨거운 물을 담아 커피가루를 적셔 추출이 이루어지게 하는 물 담는 주전자

▸ 입구가 가늘어 물줄기 조절이 간편하며 학의 긴 목과 비슷한 S자 형태로 되어 있어 학구라 부르기도 한다.

드립포트 재질	▸ 에나멜(Enamel) ▸ 스테인리스(Stainless) ▸ 동(Bronze)

▸ 재질은 컬러를 넣을 수 있는 에나멜(Enamel), 가격이 저렴하고, 직화가 가능한 스테인리스(Stainless), 보온성이 좋아 고가인 반면 직화가 불가능하고 녹이 생길 수 있는 동(Bronze) 재질까지 다양하다.

에나멜

스테인리스

동

▸ 용량은 0.6L에서 2L까지 크기가 다양하며 손잡이 형태 역시 제조사 마다 차별화되어 있다. 배출구도 굵고 짧은 형태가 있고, 가늘고 짧은 형태도 있고, 가늘고 긴 형태도 있다. 개인의 성향에 따라 선호도가 있을 수 있기 때문일 것이다.

드립 포트

3) 드립자세

드립 하는 자세는 정확히 무어라 정의를 할 수 없지만 기본

적인 내용을 알아두면 다양한 자세로 응용하는데 도움이 될 것이다. 발은 편한 정도로 벌리고, 개인에 따라 왼발이나 오른발을 약간 앞으로 하면 좋다.

팔의 위치는 45도 정도로 하여 겨드랑이에 편하게 밀착하고, 드립포트와 엄지가 일직선이 되도록 하면 편할 것이다. 한 손은 자연스럽게 테이블 위에 올려 안정감을 주는 것도 좋다.

4) 드립방법

커피 양

드립 하는데 필요한 커피의 양은 기구에 따라 다를 수 있지만 일반적으로 한잔 기준 10~12g 정도를 사용한다. 취향에 따라 다를 수 있지만 개인적으로는 가능하다면 한잔 추출이라 하더라도 약24g 정도 사용하기를 권하고 싶다.

커피는 양에 따라 맛이 다르게 연출될 수 있기 때문이다. 커피 사용량을 조금 더 늘리면 조금 더 맛있는 커피를 즐길 수 있을 것이다.

물의 온도

드립에 사용되는 물의 온도도 대단히 중요하다. 물의 온도와 로스팅 정도, 그라인딩 상태에 따라 커피성분이 달리 추출된다. 일반적으로 물의 온도가 높고, 로스팅 정도가 강하고, 그라인딩 상태가 가늘면 커피 성분이 많이 추출된다.

반대로 성분을 조금 덜 추출하고 싶다면 물의 온도를 낮추고, 로스팅을 약하게 하고, 그라인딩을 굵게 하면 된다. 물의 온도는 로스팅 정도와 그라인딩 상태에 따라 다를 수 있지만 일반적으로 다음과 같은 특징이 있다.

▸ 고온, 95도 이상

고온에서는 커피의 쓴맛과 커피가 가지고 있는 개성적인 맛을 느낄 수 있다.

▸ 중온, 90도 전후

중온에서는 누구나 편안하고 대중적인 커피의 맛을 느낄 수 있다.

▸ 저온, 85도 이하

저온에서는 일반적으로 원하지 않을 수 있는 커피의 신맛과 떫은맛을 느낄 수 있다.

적당한 물의 온도

개인적으로 추출하기 적당한 물의 온도는 88~92도 정도를 권하고 싶다.

마시기 좋은 온도

개인적으로 마시기 좋은 커피의 온도는 60~65℃ 정도를 권하고 싶다.

5) 물줄기

드립을 할 때 물줄기의 두께를 mm단위로 정의할 수는 없다. 그러나 물줄기는 가늘고, 일정하고, 섬세해야 한다는 점은 공감할 수 있을 것이다. 혹자는 물줄기 두께를 직경 2~3mm 정도로 이야기 하는 사람도 있다. 그러나 그것은 개인의 취향일 뿐 일률적으로 정의내릴 수는 없을 것이다.

드립을 할 때는 드리퍼에 물을 붓는 것이 아니라 물의 압력과 물줄기의 굵기를 조절하여 커피가루 위에 가볍게 얹듯이 흘려주면 된다. 숙달되면 물을 주입할 때 기교를 부려 가볍게 리듬을 타는 것도 좋다.

물을 주입할 때 커피가루에 공기가 섞여 들어가지 않도록 주의하는 것도 중요하다. 기포가 커피가루 중간에 있는 경우를 상상한다면 공기 방울이 섞이지 않도록 주의해야 하는 이유를 쉽게 이해할 수 있을 것이다.

드립 포트와 드리퍼(Drip Pot & Dripper) 사이

드립포트와 드리퍼 사이는 물줄기의 낙차를 줄이기 위해 가까울수록 좋다. 스윙은 손목이 아니라 팔 전체로 하는 것이 좋다. 물줄기는 가늘고, 일정하고, 섬세해야 한다.

2. 뜸(Infusion)

드립커피에서 중요한 것은 물의 흐름을 잘 타는 것이다. 물을 이용하는데 일련의 과정이 있다.

첫 번째는 드립포트로 물을 옮길 때,

두 번째는 뜸들일 때,

세 번째는 추출할 때다.

드립포트로 옮길 때는 산소가 공급될 수 있도록 물의 낙차를 이용하는 것도 좋다. 뜸들일 때의 섬세한 손놀림과 추출할 때의 기교 섞인 손동작도 필요하다.

1) 뜸들이기

뜸들이기는 대단히 중요하고, 이 과정을 소홀히 하게 되면 우리가 원하는 커피의 맛과 향을 내는 것을 기대하기 어렵다. 커피추출 전에 뜸을 들이게 되면 표면장력이 일어나고 커피가루가 팽창되고 탄산가스의 압력이 발생하는 등 변화가 일어난다. 따라서 물이 고르게 퍼지면서 뜸이 들어 원하는 커피의 성분을 추출해 낼 수 있다.

반면 뜸 들이는 과정 없이 커피를 추출하게 되면 수용성 성분이 충분히 용해될 시간이 없어 원치 않는 맛의 커피가 추출될 수 있다. 뜸들이기(Infusion, Prewetting)를 하는 것은 다음과 같은 목표가 있다.

- 커피가루에 함유되어 있는 탄산가스와 공기를 빼주기 위한 것이다.
- 물이 고르게 통과할 수 있는 길을 내주기 위한 것이다.
- 커피가 가지고 있는 고유의 성분, 즉 좋은 맛과 향을 원활

하게 추출해내기 위한 것이다.

뜸들이기

추출 커피

이 과정에서 탄산가스가 나와 커피가루가 많이 부풀어 오르면 그 커피가 신선하다는 것이다. 반대로 부풀어 오르지 않으면 신선도가 떨어진다는 것을 나타낸다.

물은 커피가루 전체에 고르게 퍼지도록 부어주어야 한다. 물을 너무 많이 붓게 되면 전체적으로 퍼지지 못하고 물길이 생겨 그 물길을 따라 편중되게 추출된다. 따라서 다른 부분의 성분을 충분히 추출해 내지 못해 미완의 커피를 추출하는 결과를 낳게 된다.

뜸 들이는 시간은 커피가루의 팽창이 멈추는 시점인 대략 20~30초 정도가 적당하다. 뜸 들이는 시간이 너무 짧으면 커피 성분이 원활하게 용해되지 않아 싱거운 커피가 추출될 수 있다. 그렇다고 너무 오래 뜸을 들이게 되면 쓴 맛 등 잡맛이 많이 추출될 수 있기 때문에 주의를 기울여야 한다.

2) 물 주입 량

뜸들이기를 위한 물 주입량은 다양할 수 있다. 개인적으론 서버에 커피가 몇 방울 정도 똑똑 떨어지는 양이면 전체적으로 고르게 적셔지는 적당량이라고 생각된다.

물을 과하게 주입했을 경우, 커피가루를 적시고 난 물은 물길을 만들어 서버로 떨어지게 된다. 그렇게 되면 커피 성분이 고르게 추출되지 않고 편중되어 추출되었다는 것을 알 수 있다. 또한 시간이 짧아져 과소추출(Underextracted)되어 맛과 향이 약해진다.

반면 물을 부족하게 주입했을 경우, 커피가루를 고르게 적시지 못해 원활한 추출이 이루어지지 않는다. 또한 시간이 길어져 과다추출(Overextracted)되어 텁텁한 맛 등 불필요한 맛까지 추출하게 된다.

3) 뜸 들이는 과정

뜸 들이는 과정이 이루어지면 커피가루가 물을 흡수하게 되고, 수용성 성분이 물에 녹게 되어 추출이 원활하게 이루어진다. 뜸이 제대로 들어 활성화되어야만 커피가 가지고 있는 고유의 성분, 즉 맛과 향이 제대로 표현될 수 있다.

뜸들이기에 앞서 커피 추출기구와 컵 등의 린싱(Rinsing)과 워밍(Warming)이 선행되어야 한다.

뜸을 들이는 방법도 다양하다. 일반화 되어 있는 뜸 들이는 방법으로 원을 그리며 뜸을 들이는 나선형법이 있다. 중앙을 중심으로 점을 찍어서 뜸을 들이는 8점법도 있다. 전체를 하나하나의 점으로 뜸을 들이는 점법도 가능하다. 이외에도 개인의 성향에 따라 개성 있게 뜸을 들이는 방법들이 있을 수 있다.

이중에 나선형법이 대중화되어 있고, 편의성뿐만 아니라 맛을 구현하는 대도 적당한 방법인 듯하다. 그러나 가끔은 8점법이나 점법, 나만의 특별한 뜸들이기를 시도해 보는 것도 새로운 맛을 찾는데 도움이 될 것이다.

나만의 독특한 뜸들이기 방법을 개발해 보는 것도 새로운 커피 맛을 창출하는 출발점이 될 것이다. 모든 일에 있어서 시작이 그러하듯 드립커피의 뜸들이기는 커피 맛을 좌우하는 중요한 시작이다.

4) 잘 못된 뜸 유형

첫째, 뜸을 잘 못 들이면 싱거운 커피가 추출되는 경우가 있다.

> ▸ **물이 가장자리에 많이 주입되는 경우**
>
> 중앙의 커피가루가 적셔지지 않은 부분이 생겨 싱거운 커피가 추출될 수 있다.
>
> ▸ **페이퍼 필터에 직접 물이 닿는 경우**
>
> 커피가루를 통과하지 않은 물이 벽을 타고 흘러내려 싱거운 커피가 추출될 수 있다.

둘째, 뜸을 잘 못 들이면 불균일한 커피가 추출되는 경우가 있다.

▸ 물이 고르게 주입되지 않은 경우

커피가루가 충분히 적셔진 부분과 그렇지 않은 부분이 발생하여 서로 다른 맛을 내는 성분들이 섞여 불균일한 커피가 추출될 수 있다.

▸ 한쪽방향으로 물을 많이 주입한 경우

물길이 생겨 커피성분이 고루 추출 되지 않고, 한쪽 부분의 성분만 불균일하게 추출될 수 있다.

3. 추출

드립추출 과정

일차적으로 드립에 필요한 원두, 그라인더, 서버, 드리퍼, 필터, 드립포트, 계량스푼, 컵 등 추출관련 도구를 준비한다.

① 원두를 계량한다.
② 계량한 원두를 그라인딩한다.
③ 필터를 접어 드리퍼에 올린다.
④ 린싱(Rinsing)과 워밍(Warming)을 한다.
⑤ 커피가루를 필터에 붓고 수평을 맞춘다.
⑥ 뜨거운 물을 부어 추출한다.
⑦ 테이스팅(Tasting)을 한다.
⑧ 기호에 맞게 적당량의 물로 희석한다.
⑨ 커피를 즐긴다.

1) 추출하기

뜸들이기를 하고 나면 본격적인 추출이 이루어진다. 보통 3회 정도 추출을 하는데 기호에 따라 2회까지 할 수도 있고, 양을 맞추기 위해 4회까지 또는 그 이상 하는 경우도 있을 수 있다.

중요한 것은 커피는 초기에 좋은 맛과 향 성분이 추출된다는 것이다. 시간이 지날수록 원치 않는 맛과 향 성분이 추출된다는 사실을 알아야 한다.

추출을 시작하면 물의 양을 조절하는 것과 물을 주입하는 스피드 조절이 중요하다. 중심부는 커피의 양이 많으므로 물의 양은 조금 많게 하고 속도는 천천히 하여 주입한다. 외곽은 커피양이 많지 않으므로 물의 양은 조금 적게 하고 속도는 조금씩 빠르게 하여 주입해 주어야 고르게 추출이 이루어진다.

추출은 중앙을 중심으로 이루어져야 한다. 지나치게 외각으로 몰릴 경우 원치 않은 성분들이 추출되어 싱거워지거나 잡미가 섞일 가능성이 높아진다. 물 주입 시 필터에 물이 닿지 않도록 주의하여야 하고, 필터에 물이 닿으면 벽을 타고 흘러내려 싱겁거나 불균일한 맛의 커피가 추출된다는 사실에 주의 하여야 한다.

추출과정은 물을 주입하게 되면 물이 커피 입자 속으로 침투하여 수용성 성분이 용해된다. 용해된 성분은 커피입자 밖으로 용출이 되고, 용출된 성분은 물에 의해 분리되어 추출이 이루어진다. 따라서 커피추출의 3대 원리를 침투, 용해, 분리라 한다.

2) 1차 추출

뜸들이기 과정이 끝나면 추출하는 과정이 이어진다. 대체로 뜸 들이는 과정은 20~30초 정도로 뜸 과정에서 팽창이 멈추는 시점으로 이 때 추출이 시작되면 된다. 1차 추출에서 우리가 원하는 성분이 가장 많이 추출되기 때문에 신중을 기하여 추출하는 것이 좋다.

1차 추출의 물줄기는 가늘게, 천천히, 촘촘하게 커피가루 위에 얹듯이 부어주어야 한다. 중앙을 중심으로 커피양이 많은 곳에서는 물의 양을 늘려주고 가장자리로 가면서 커피양이 적은 곳에서는 물의 양을 줄여 주어야 고르게 원하는 성분을 추출해 낼 수 있다.

1차 추출에서 좋은 향미 성분인 단맛(Sweet), 신맛(Sour), 꽃향, 과일 향 등이 추출된다. 가능하면 많은 양의 커피성분이 추출되도록 하면 좋을 것이다.

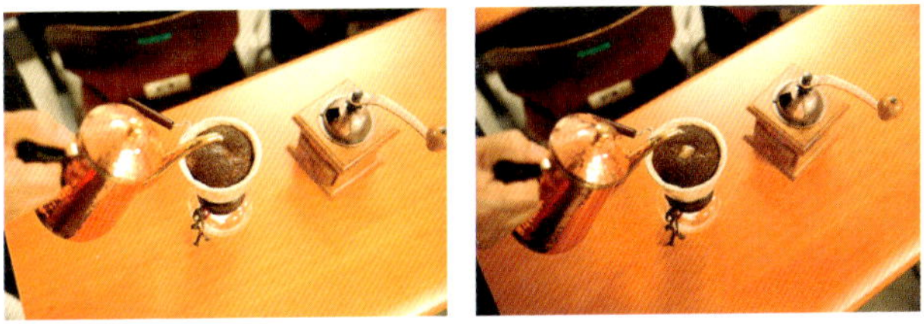

1차 추출

3) 2차 추출

1차 추출 과정이 끝나면 2차 추출이 이어진다. 2차 추출 시기는 1차와 단절되지 않도록 추출되는 커피 액의 줄기가 가늘어 지는 시점에 2차 추출이 이루어져야 한다. 그랬을 때 연속 추출이 가능해져 잡미나 잡 향이 덜 섞이게 된다.

1차 추출에 비해서 물줄기는 조금씩 더 굵게, 더 빠르게, 더 넓게 주입해 주어야 한다. 1차 추출에 비해 2차 추출에서는 일부 바람직하지 않은 향미 성분인 쓴맛(Bitter), 떫은 맛(Astringent), 잡미, 잡향 등이 추출될 수 있다. 가능하면 너무 많은 성분이 추출되지 않도록 주의하여야 한다.

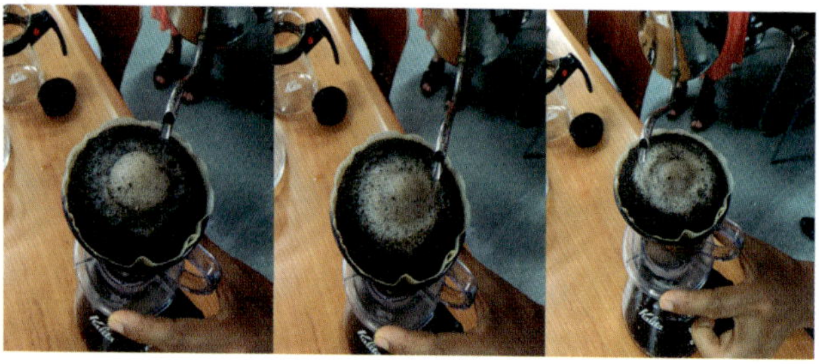

2차 추출

4) 3차 추출

2차 추출 과정이 끝나면 3차 추출이 이어진다. 3차 추출 시기는 2차와 단절되지 않도록 줄기가 가늘어 지는 시점에 3차 추출이 이루어져야 한다. 그랬을 때 연속 추출이 가능해져 잡미나 잡 향이 덜 섞이게 된다.

2차 추출에 비해서 물줄기는 조금씩 더 굵게, 더 빠르게, 더 넓게 부어주어야 원하는 성분을 추출해 낼 수 있다. 2차 추출에 비해 3차 추출에서는 일부 좋지 않은 향미 성분인 쓴맛(Bitter), 떫은 맛(Astringent), 잡미, 잡 향 등이 더 많이 추출될 수 있다.

따라서 최소의 성분이 추출되도록 하는 것이 좋다.

1차, 2차 추출에서는 커피의 좋은 성분과 진한 성분이 추출된다면, 3차 추출에서는 커피의 농도를 조절하고 적절한 커피의 양이 되도록 조절하는 기능이 있음을 알아야 한다.

추출회수는 양에 따라 4차이상이 될 수도 있는데, 추출 횟수가 적을수록 마일드하고 좋은 성분의 커피 맛이 난다. 따라서 추출 횟수가 많아질수록 좋지 않은 성분이 추출된다는 점을 명심하여야 한다.

그라운드 커피

3차 추출

5) 잘못된 추출 유형

노자가 이야기한 상선약수(上善若水)처럼 자연의 순리에 따라 추출되는 드립커피라면 최고의 커피가 되지 않을까 싶다. 드립추출을 하는데 있어서 정답은 없지만 잘못된 습관을 갖는 것은 바람직하지 않아 주의를 요하는 몇 가지 사항을 정리하였다.

- ▶ 첫째, 일정하지 않은 물줄기는 일정하지 않은 커피 맛의 원인이 된다.
- ▶ 둘째, 편중된 물 주입은 커피성분을 고르게 뽑지 못하여 편중된 맛의 원인이 된다.
- ▶ 셋째, 너무 높은 물 주입은 낙차가 크고 물줄기의 정확도가 떨어져 불균일한 맛의 원인이 된다.

이러한 잘 못된 습관은 원치 않는 맛을 추출하게 되어 커피가 싱거워지거나 텁텁해질 수 있다. 드립커피의 맛은 거기에 들어간 정성과 거기에 담은 마음의 표현이 아닐까 싶다. 그래서 드립커피 맛은 추출한 사람마다 다르다고 하는 것 같다.

4. 커피필터

구분	내용	비고
1	종이 필터(Paper filter)	
2	융 필터(Flannel filter)	
3	금속 필터(Metal filter)	

커피를 드립 추출할 때 커피가루와 커피 액이 분리되도록 걸러주는 역할을 하는 것을 커피필터라 한다. 필터의 종류에는 펄프로 만들어진 종이 필터와 천으로 만들어진 융 필터가 있다. 그리고 금속으로 만들어진 금속필터 등이 있다.

1) 종이 필터(Paper filter)

특징

드립 시 가장 많이 사용되는 필터는 역시 종이 필터이다. 종이 필터는 펄프(pulp)를 재료로 하여 만들어지며 연갈색과 흰색으로 제작되어 판매된다.

▸ 갈색필터

연갈색의 필터는 천연펄프 필터이다.

▸ 흰색필터

흰색의 필터는 표백을 한 표백 필터이다.

단, 표백을 하지 않아 연갈색을 띤 천연펄프 필터는 민감한 사람의 경우 펄프냄새가 날 수도 있다. 표백필터는 맛의 재현성이 우수하나 표백에 사용된 약품냄새를 느낄 수도 있다.

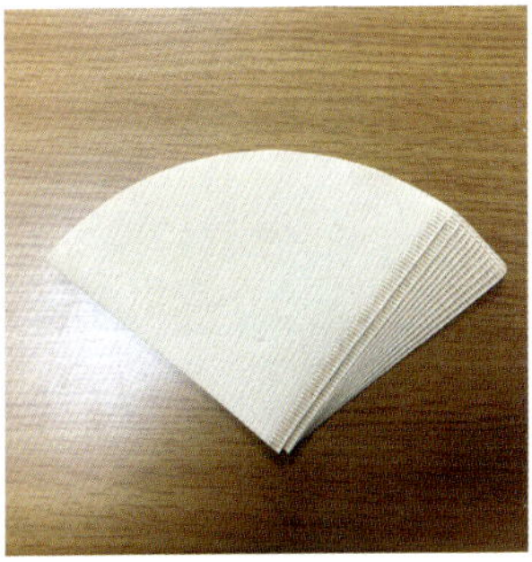

갈색필터

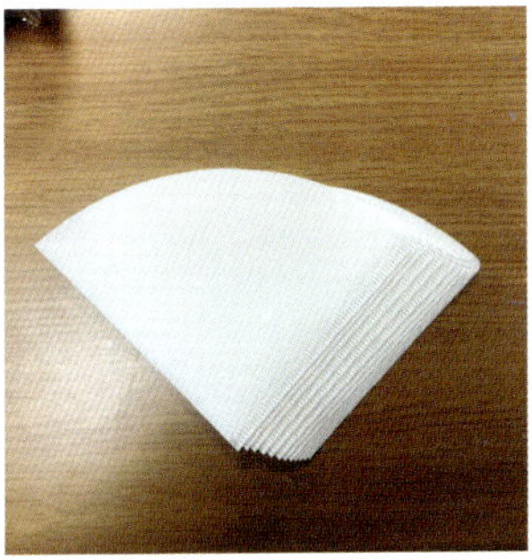

흰색필터

커피 맛

맛의 차이는 거의 없다고 보면 된다. 종이 필터는 커피에 함유되어 있는 오일 같은 지방성분이 필터에 흡착되어 추출되지 않기 때문에 깔끔한 느낌의 맛을 낼 수 있다. 또한 1회용으로 한번 사용하고 버리면 되기 때문에 사용이 편리하다는 장점도 있다.

2) 융 필터(Flannel filter)

특징

천을 이용하여 만들어진 필터를 융 필터라 한다. 드리퍼가 가지고 있는 리브(Rib)의 역할도 하여 따로 드리퍼가 필요 없이 추출이 가능하다. 한쪽은 직모, 또 다른 한쪽은 기모로 되어 있다. 기모는 섬유를 긁거나 뽑아 천의 표면에 보풀이 일게 하여 부드럽도록 만든 것으로 보온의 효과도 있다.

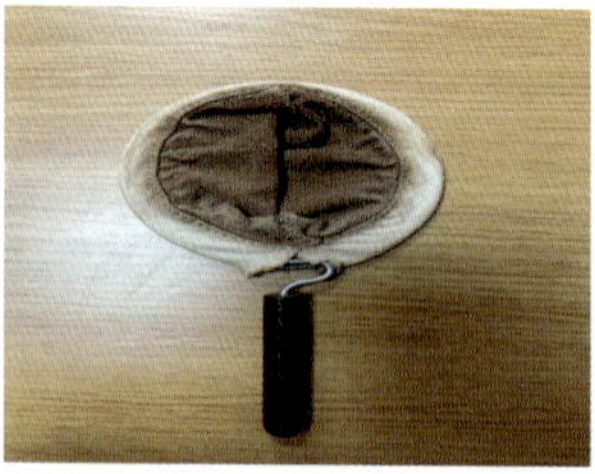

직모

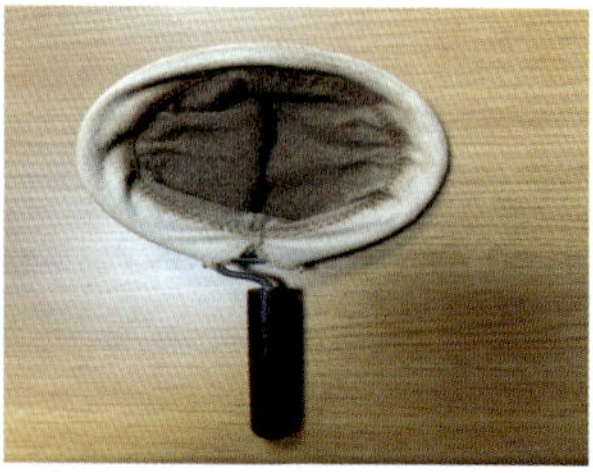

기모

융필터

기모는 어떻게 활용하느냐에 따라 커피 맛의 표현도 달라 질 수 있다. 기모를 안쪽으로 하여 추출하면 커피의 미분을 걸러내어 잡미를 막을 수 있다. 기모를 바깥쪽으로 하여 추출하면 성분을 고르게 추출해 낼 수 있어 풍부한 맛을 느낄 수 있다.

커피 맛

융 필터 드립커피는 바디(Body)를 구성하는 오일 성분이나 불용성 고형성분(Insoluble solids)이 추출되어 걸쭉하면서 부드러운 맛을 느낄 수 있다. 그러나 1회용이 아니라 지속적으로 사용해야 하기 때문에 관리상 어려움이 있다. 어떻게 관리 하느냐에 따라 커피 맛도 변할 수 있다는 사실을 염두해두어야 한다.

3) 금속 필터(Metal filter)

특징

금속에 작은 구멍을 뚫어 만든 필터이다. 부담 없이 반영구적으로 장기간 사용할 수 있고 관리도 아주 편리하다는 장점이 있다. 반면 금속필터는 비교적 가격이 비싸다는 단점이 있다. 또한 작은 구멍사이로 미분이 나와 바닥에 침전물이 남을 수 있다는 단점도 가지고 있다.

금속 필터

커피 맛

금속에 뚫린 작은 구멍사이로 미분이나 지방성분이 여과되지 않고 그대로 추출되기 때문에 바디(Body)가 좋은 커피의 맛을 느낄 수 있다. 그러나 추출 시 구멍사이로 미분이 나와 다소 텁텁한 느낌을 줄 수도 있다. 필터는 관리가 편리하고 반영구적이라 할 수 있다.

5. 드리퍼(Dripper)

드리퍼란 필터를 올려놓고, 커피가루를 넣고, 끓인 물을 부어 커피를 추출할 수 있게 하는 도구이다. 추출된 커피는 드리퍼를 받치고 있는 서버(Server)로 떨어지게 되고, 서버에 담긴 커피는 사용 드리퍼에 따라 맛이 달리 표현될 수 있다.

1) 재질에 따른 분류

드리퍼(Dripper)는 재질에 따라 플라스틱(Plastic), 도기(Ceramic), 금속(Metal), 유리(Glass) 등으로 구분된다.

구분	종류	비고
1	플라스틱 드리퍼(Plastic dripper)	
2	도기 드리퍼(Ceramic dripper)	
3	금속 드리퍼(Metal dripper) – 동(Bronze) – 스테인레스(Stainless)	
4	유리 드리퍼(Glass dripper)	

재질에 따른 드리퍼

① 플라스틱 드리퍼(Plastic dripper)

플라스틱 드리퍼는 취급이 편리하고, 가격이 저렴하며, 물이 통과하는 과정을 볼 수 있어 가장 널리 사용되고 있다. 단, 보온성이 좀 떨어질 수 있다.

플라스틱 드리퍼

② 도기 드리퍼(Ceramic dripper)

도기 드리퍼는 무게가 있어 안정감이 있고, 플라스틱에 비해 보온성이 좋다. 단, 사용상 취급이 불편할 수 있고, 추출 전 예열을 해야 하는 번거로움이 있을 수 있다.

도기 드리퍼

③ 금속 드리퍼(Metal dripper)

금속 드리퍼는 동이나 스테인리스 재질을 사용하여 장식효과가 있다. 단, 가격이 고가이고, 보온성이 좀 떨어질 수 있다.

금속 드리퍼

④ 유리 드리퍼(Glass dripper)

유리 드리퍼는 내열처리한 강화유리를 사용하여 물의 흐름을 선명하게 볼 수 있다. 유리 제품이니 사용상 많은 주의가 필요하다.

유리 드리퍼

◉ 리브(Rib)의 역할

리브(Rib)는 커피를 추출하는데 있어 중요한 역할을 한다.

- 융 필터의 경우 커피가루가 피막을 형성하는 것과 같은 역할을 한다.
- 리브의 수가 많고 높을수록 물의 통과가 잘 된다.
- 공기가 드나드는 통로 역할을 하여 공기의 순환을 도와 추출을 원활하게 한다.
- 필터를 제거 하는데 용이하게 해준다.

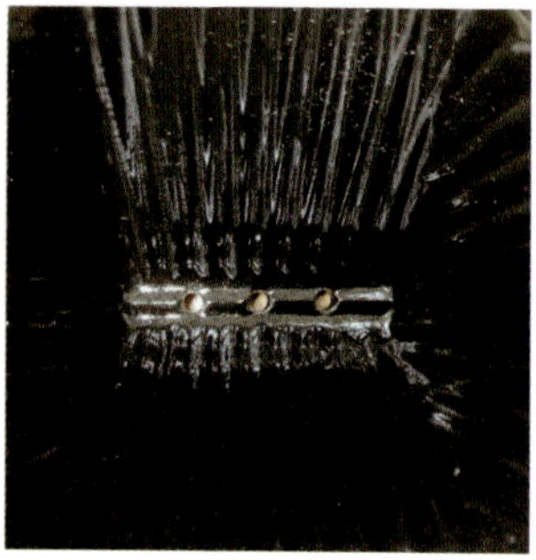

리브

2) 형태에 따른 분류

드리퍼는 형태에 따라 멜리타(Melita), 칼리타(Kalita), 고노(Kono), 하리오(Hario), 융(Flannel) 등으로 구분된다.

구분	종류	비고
1	멜리타 드립(Melita drip)	
2	칼리타 드립(Kalita drip)	
3	고노 드립(Kono drip)	
4	하리오 드립(Hario drip)	
5	융 드립(Flannel drip)	

① 멜리타 드립(Melita drip)

드리퍼(Dripper)

멜리타 드리퍼는 칼리타 드리퍼와 비교해 볼 때 경사가 가파르고, 리브(Rib)가 조금 굵은 편이다. 1908년 독일 주부, 멜리타 벤츠(Melita Benz)가 발명하여 상업화한 것이다. 드리퍼 안에 추출구가 하나 있는 것이 특징이고 Rib은 전체 폭이 약간 크고 경사가 있는 편이다.

일설에 의하면 시작은 양철 컵에 종이를 놓고 커피가루를 걸렀다고 한다. 여러 차례 시행착오를 하면서 커피를 추출하는 방법을 찾던 중 자녀가 숙제로 활용한 압지를 발견하고 압지를 이용하여 필터를 만들고, 커피 위에 물을 붓자 압지 안에는 커피가루만 남고 잘 추출이 되었다고 한다.

멜리타

추출(Brewing)

멜리타 드립은 추출구가 하나여서 물이 오래 머물기 때문에 커피가루는 굵게 분쇄하여 추출하는 것이 좋다. 그랬을 때 날

카로운 맛은 줄어들고, 상대적으로 감칠맛을 느낄 수 있다. 강(Strong)한 커피가 추출되기 때문에 진한 커피를 좋아 하는 경우 이용하면 좋을 것이다.

커피 양은 가능하면 충분히 사용하는 것이 좋은 맛을 낼 수 있으므로 20g 정도를 권장한다. 추출방식은 뜸들이기를 거쳐 1, 2, 3차시까지 시도하여 원하는 양의 커피를 추출한다.

② 칼리타 드립(Kalita drip)

드리퍼(Dripper)

칼리타 드리퍼는 멜리타 드리퍼와 비교할 때 경사가 완만하고, 리브는 조금 가는 편이다. 드리퍼 안에 추출구가 세 개 있는 것이 특징이고 리브가 드리퍼 끝까지 촘촘히 설계되어 있다.

칼리타

추출(Brewing)

칼리타 드립은 멜리타 드립의 단점을 보완하여 만들었다고 볼 수 있다. 추출구가 세 개여서 물의 흐름이 빠르게 진행되므로 커피가루는 조금 가늘게 분쇄하여 추출하는 것이 좋다.

멜리타 드리퍼와 비교해 시간이 짧게 걸리고, 깔끔한 맛을 낼 수 있다. 커피 양은 제 맛을 내기 위해서 20g 정도를 권장한다. 추출방식은 뜸들이기를 거쳐 1, 2, 3차시까지 시도하여 원하는 양의 커피를 추출한다.

③ 고노 드립(Kono drip)

드리퍼(Dripper)

고노 드리퍼는 융 드리퍼와 유사하다. 리브(Rib)는 드리퍼 중간까지만 있어 비교적 짧은 편이다. 리브가 짧은 관계로 추출속도가 느려져 진한 커피가 추출된다.

고노

추출(Brewing)

고노 드립은 하리오에 비해 보다 깊고 진한 맛의 커피를 추출할 수 있다. 칼리타에 비해서도 바디와 감칠맛이 있는 커피를 추출할 수 있다. 융드립에 가장 가까운 맛을 낼 수 있다.

원추형으로 Rib의 경사가 가파른 편이다. 커피가 빠르게 추출되기 때문에 로스팅 정도는 다크 로스팅(Dark roasting) 커피 추출에 적합하다고 볼 수 있다. 커피 양은 제 맛을 내기 위해서 24g 정도를 권장한다. 추출방식은 뜸들이기를 거쳐 1, 2, 3차시까지 시도하여 원하는 양의 커피를 추출한다.

④ 하리오 드립(Hario drip)

드리퍼(Dripper)

하리오 드리퍼는 고노 드리퍼의 형태를 향상시킨 것으로 볼 수 있다. 리브가 길고 추출구까지 넓게 펼쳐져 있어 추출 속도가 빠른 편으로 추출시간 역시 고노에 비해 짧다고 볼 수 있다.

하리오

추출

하리오 드립은 고노 드립에 비해 빨리 추출되기 때문에 추출 성분이 달라지고, 커피 맛 또한 달라질 수 있다. 바디는 좀 덜하지만, 부드러운 맛의 커피를 추출할 수 있다. 응용하면 물의 양

조절과 속도 조절로 다양한 맛의 커피를 추출할 수도 있다.

커피 양은 제 맛을 내기 위해서 24g 정도를 권장한다. 추출 방식은 뜸들이기를 거쳐 1, 2, 3차시까지 시도하여 원하는 양의 커피를 추출한다. 초기에 충분한 물을 부어 줄 경우 2차시까지 추출하는 것도 좋다.

⑤ 융 드립(Flannel drip)

융 필터(Flannel filter)

따로 추출구가 있는 것이 아니므로 마치 한약이 추출되는 것처럼 융 전체를 통해서 커피가 추출된다고 볼 수 있다.

융

추출(Brewing)

융 드립은 여과법의 제왕이라고 불릴 정도로 부드럽고, 드립 중 가장 뛰어난 맛을 추출해 낼 수 있다. 중앙 집중으로 추출하는 것이 좋고 커피가루가 피막을 형성한다. 융 드립의 경우 뜸 들이기에서 페이퍼 드립보다 물을 조금 더 주어도 된다.

추출온도는 페이퍼 드립 보다 약간 높게 하고, 분쇄 정도는 페이퍼 드립 보다 약간 굵게 하여 추출하는 것이 좋다. 커피 양은 제 맛을 내기 위해서 24g 정도를 권장한다. 추출방식은 뜸들이기를 거쳐 1, 2, 3차시까지 시도하여 원하는 양의 커피를 추출한다.

◉ 융 필터(Flannel filter) 관리

융 필터는 사용 후 정수된 뜨거운 물에 삶아 밀폐 용기에 보관한다. 항상 젖은 상태로 냉장 보관하는 것이 좋다. 사용 상 불편함이 있을 수 있다.

V

커피시장 재4의 트렌드는 시작되었다

◉ 커피 트렌드

구분	트렌드	내용
1	제1의 트렌드	인스턴트 커피
2	제2의 트렌드	프렌차이즈 커피
3	제3의 트렌드	로스터리카페 커피
4	제4의 트렌드	홈카페 커피

세계 믹스커피(Mixed coffee)를 주도하고 있는 우리나라의 1인용 믹스커피는 세계적으로도 선호도가 높은 것으로 평가된다. 커피에서도 우리 것이 세계적임을 보여주고 있는 셈이다. 현재는 여러 나라에서 1인용 믹스커피를 생산하고 있다. 그러나 아직까지는 우리만큼 글로벌한 맛을 내지는 못하는 듯하다.

아프리카에서 시작된 커피는 유럽을 거쳐 아시아, 아메리카로 전파되었고, 이슬람문화에서 시작되어 기독교문화를 거쳐 세계화되었다. 초기 일부 유럽 국가들에서는 커피음용이 금지되고, 커피하우스가 파괴되고, 커피마시는 사람들이 탄압 당하는 등 많은 시련을 겪기도 했다. 그러나 현재는 세계에서 가장 사랑받는 기호식품 중의 하나로 자리 잡고 있다.

아관파천에서 시작된 우리나라의 아린 커피역사도 다양한 문화를 만들어 내면서 발전해 가고 있다. 특히 카페쇼, 커피박람회, 커피문화축제 등 대형 행사에까지 큰 트렌드(Trend)를 만들어 내면서 우리 삶의 중심에 서 있다.

우리나라 커피문화의 제1의 트렌드는 인스턴트 커피에서

시작된다. 제2의 트렌드는 규모가 큰 대형 프렌차이즈 커피라고 볼 수 있다. 제3의 트렌드는 전문화된 로스터리카페 커피라고 볼 수 있다. 제4의 트렌드는 자기주도로 커피를 마실 수 있는 홈카페 커피라고 볼 수 있다.

1. 제1의 트렌드

우리나라 커피문화의 제1의 트렌드는 인스턴트 커피(Instant coffee)다. 1970년대에 시작된 인스턴트커피는 간편성과 편의성에서 시작되어 달달한 맛에서 그 진가가 발휘된다.

구수한 맛을 내는 믹스커피는 식사 후에 우리가 마셨던 숭늉과 비슷한 느낌을 주었을 것이다. 미국유학을 한 유길준선생은 커피를 우리가 식사 후에 숭늉을 마시듯 서양인들은 까만 음료를 마신다고 비유적으로 표현하기도 했다.

거기에 시간과 공간에 제한받지 않고 쉽고 빠르게 마실 수 있기 때문에 현재까지도 인기를 유지하는 비결이 된 것 같다. 현재 인스턴트 커피도 다양한 형태로 변화하고 발전하고 있다.

인스턴트 커피

2. 제2의 트렌드

우리나라 커피문화의 제2의 트렌드는 대형 프랜차이즈카페(Franchise cafe) 커피다. 고급스러운 인테리어로 안락한 휴식과 새로운 문화를 즐길 수 있다는 점이 크게 부각된 것이다.

거기에 고가의 머신으로 몇 종류의 커피를 혼합하여 복합적인 맛을 낸 블렌디드 커피(Blended coffee)를 들 수 있다. 이렇게 추출된 커피를 에스프레소라 한다.

이를 베이스로 만들어진 다양한 커피메뉴는 소비자들을 유혹하기에 충분했을 것이다. 현재도 끊임없이 메뉴 개발이 이루어지고 있어 앞으로도 새로운 것을 추구하는 사람들을 만족시킬 것으로 기대된다.

프랜차이즈카페 커피

3. 제3의 트렌드

우리나라 커피문화의 제3의 트렌드는 자가 로스팅 시설을 갖추고 직접 로스팅하여 판매하는 로스터리카페(Roastery cafe) 커피다. 이 중심에 있는 커피로 블렌디드 커피와 달리 각각의 개성적인 맛을 살릴 수 있는 싱글 오리진(Single origin) 커피를 들 수 있다.

여기에서 드립용 기구로 손을 이용하여 만들어낸 것이 드립커피다. 현재 창업하는 많은 로드샵(Road shop)들의 형태가 그렇다고 볼 수 있다. 신선한 커피와 마음 가득 담은 커피 맛은 커피 애호가들을 유혹하기에 충분하다.

이곳에선 커피에 대한 지식 전달과 다양한 추출방식에 대한 스토리텔링이 가능하다는 점이 장점이다. 또한 세계적으로 흐름을 타고 있는 스페셜티커피(SC)도 큰 도움이 될 것이다.

로스터리카페 커피

4. 제4의 트렌드

우리나라 커피문화의 제4의 트렌드는 홈카페(Home cafe) 커피다. 홈카페는 가정에서 커피장비를 갖추고 커피를 즐기는 공간을 말한다. 원두를 그라인딩하고 커피를 추출하여 마시는 것뿐만 아니라 직접 가정용 로스터를 활용하여 로스팅하는 단계까지도 포함된다.

여기에서 우리 집만의 개성 있는 카페와 바리스타가 탄생할 것이고, 자유로움 속에 만들어진 커피는 여유와 사색의 시간을 줄 것이다. 향기로운 커피와 가정의 행복을 전하는 전도사로서 인기 있는 홈바리스타가 기대된다.

홈카페 커피

VI

나만의 맞춤형 커피를 마시자

◉ 맞춤형 커피

구분	내용	비고
1	차(Tea)	
2	와인(Wine)	
3	커피(Coffee)	
4	나의 인생커피	

커피는 그 향만으로도 우리를 기분 좋게 만든다고 한다. 커피를 즐겁게 마시는 방법이 있다. 오늘날 커피는 만인의 사랑을 받는 기호식품 중의 하나로 자리매김하고 있다.

커피를 차와 비교하는 사람들도 있고, 커피를 와인 등 술과 비교하는 사람들도 있다. 커피, 차, 와인 등 이 세 가지 다 적당량을 섭취하면 신체건강과 정신건강에 아주 좋은 식품들임을 알고 있다.

1. 차(Tea)

전통적으로 차를 마실 때에는 다도라 하여 격식을 갖춘다. 초의 선사는 다도를 '찻잎을 따는데 묘(妙)를 다하고, 차를 만드는데 정(精)을 다하고, 물은 진수(眞水)를 얻고, 끓임에 있어서 중정(中正)을 얻는 것이다'라고 하였다.

그 만큼 정성을 다하여 차를 만들고, 마시는데 있어서도 성의를 다하여야 한다는 것이다. 또한 차도 커피나 와인처럼 색깔, 향, 맛 등 3합의 조화가 이루어졌을 때 그 진가를 발휘할 수 있다.

차

2. 와인(Wine)

와인을 마실 때에도 격식이 있다. 외국문화인 만큼 우리 문화와는 다름이 있을 것이다. 와인을 따를 때 잔을 받는 사람은 와인 잔을 잡고 받지 않는다. 우리의 문화에선 예의 없는 모습으로 비춰질 수도 있다.

와인 코르크를 오픈하면 와인을 다른 병에 따라 놓는 경우가 있다. 와인의 침전물을 가라앉히거나 공기와 접촉을 통해 와인의 색깔, 향, 맛을 살리기 위한 과정으로 디캔팅(Decanting)이라 한다.

와인을 마실 때에는 눈으로 색깔을 확인하고, 코로 향을 맞고, 입으로 마신 후 입안에서 와인을 느끼기 위해 입안 전체에 맛과 향이 퍼지게 한다. 그리고 대화하는 사이에는 테이블 위에 놓인 와인 잔을 계속 흔드는 광경을 볼 수 있다. 이것을 와인과 공기가 섞이도록 하는 과정인 에어레이팅(Aerating)이라 한다. 이러한 과정들이 와인을 맛있게 즐기는 품위가 아닌가 싶다.

와인

3. 커피(Coffee)

1) 다양성

커피는 그 종류가 많고, 맛 또한 다양하여 많은 사람들을 유혹하는 충분조건이 되는 것 같다. 커피 맛은 로스팅과정에서나 추출과정에서 신맛, 단맛, 쓴맛의 순서로 발현된다.

향 역시 커피가 생산되는 지역이나 커피 종류에 따라, 또는 로스팅 정도에 따라서 과일 향, 꽃 향, 초콜릿 향 등 다양한 향을 얻을 수 있다. 따라서 선호도에 따라 누구나 믿고 즐길 수 있는 기호식품이 된 것 같다.

커피를 마실 때에는 청각, 시각, 후각, 미각이 총동원된다.

우선 커피를 그라인딩할 때 청각부터 동원된다. 추출된 커피는 색의 농도에 따라 맛을 평가할 수 있기 때문에 시각이 동원된다. 다음은 후각을 이용하여 향을 맞고, 입안에 머금은 다음 전체적으로 맛을 느끼게 된다. 입안에서 느껴지는 맛은 미각이 담당한다.

커피는 귀 기울여 듣고, 눈으로 농도를 보고, 코로 향을 맞고, 입으로 마신 다음 맛을 느끼는 순으로 즐기면 센스 있는 커피 드링커(Drinker)라 할 수 있을 것이다.

커피

2) 커피마시기 5단계

일상적으로 커피마실 때는 우선 청각을 통해 그라인딩하는 소리를 듣고, 시각을 통해 커피의 농도를 파악하는 것부터 시작하면 좋을 것이다. 다음으로 커피 향미 평가(Cupping) 과정인 3단계를 거쳐 커피를 음미하면 더 맛있게 커피를 즐길 수 있을 것이다.

구분	단계	내용
1	1단계	▸ 소리듣기(Hearing)
2	2단계	▸ 보기(Seeing)
3	3단계	▸ 향 맡기(Sniffing)
4	4단계	▸ 맛보기(Slurping)
5	5단계	▸ 마시기(Swallowing)

1단계: 소리듣기(Hearing)

커피를 그라인딩하는 소리를 귀로 듣는 청각이 동원된 단계이다.

2단계: 보기(Seeing)

추출된 커피의 칼라를 눈으로 보는 시각이 동원된 단계이다.

3단계: 향 맡기(Sniffing)

추출된 커피를 코로 향을 맡는 후각이 동원된 단계이다.

4단계: 맛보기(Slurping)

추출된 커피를 입으로 흡입하는 미각이 동원된 단계이다.

5단계: 마시기(Swallowing)

흡입한 커피를 입안에서 삼키면서 느끼는 미각과 후각이 동원된 단계이다.

이처럼 커피를 마실 때에도 귀로 듣고, 눈으로 보고, 코로 맡고, 입으로 마시는 단계가 있다. 따라서 커피가 단순한 먹거리가 아닌, 또 하나의 문화로서 즐길거리로 자리매김했으면 한다.

4. 나의 인생커피

커피와 관련한 벤토벤 매직넘버가 있다. 그는 한 잔의 커피를 추출할 땐 60알의 원두를 정확히 세었다고 한다. 그만큼 신중을 기했고, 특히 보는 사람이 있을 경우 더욱 그러했다는 것이다. 아마 60알의 원두는 그에게 60가지의 음악적 영감을 주었을지도 모른다.

아니 그런 상상의 나래를 펴면서 아이디어를 얻었을 것이다. 훗날 호사가들은 60이라는 숫자를 베토벤 넘버라 부르고 있다. 그도 그럴 것이 에스프레소(Espresso) 한 잔의 양은 약 7g 정도이고, 이 60알의 원두는 7~8g 정도가 된다.

그가 주로 사용한 기구는 에스프레소 머신이 아니라 삼투압 방식으로 추출되는 퍼콜레이터(Percolator)라고 한다. 일반 추출기구인 경우 커피의 양을 조금 더 사용한다는 점을 감안하면 그는 훌륭한 바리스타였음에 틀림없다.

우연일지는 모르겠지만 커피 사용량으로 본다면 18세기와 21세기의 세기를 뛰어넘는 기막힌 일치가 아닌가 싶다.

아마 처음부터 60알은 아니었을 것이다. 40알, 50알 등 수차

례 시행착오를 거치고 얻어낸 자신의 입맛에 맞는 맛을 찾았을 것으로 보인다. 이제 커피도 자신에게 맞는 자신만을 위한 맞춤형 커피를 찾아야 할 때가 아닌가 싶다.

다양한 커피를 즐기는 것도 좋지만 나만의 인생커피를 하나 정해서 특별한 순간에 마시는 것도 의미가 있을 것 같다. 개인적으로 나의 인생 커피는 코스타리카 따라수(Tarrazu) 커피다. 상큼한 신맛이 일품이기 때문이다.

헤밍웨이는 탄자니아 킬리만자로 커피와 쿠바 크리스탈 마운틴 커피를 좋아 했다고 한다. 고흐은 예멘 모카 마타리 커피를 좋아 했고, 랭보는 에티오피아 하라르 커피를 좋아 했다고 한다.

코스타리카 따라수